Lo que la gente dice sobre…

EL HIJO DEL PASTOR

"La rana Kermit piensa que no es fácil ser verde; debería intentar ser el hijo de un pastor. Muy pocos roles son más complicados y exigentes que el crecer como hijo o hija de un ministro. Y son pocas las voces que están más calificadas que Barnabas Piper para hablar sobre este enigma. *El hijo del pastor* es un vistazo cautivador y perspicaz sobre lo que significa seguir a Jesús dentro de una pecera de expectativas; además, Barnabas entrelaza este vistazo con consejos útiles para permanecer cuerdo en medio de todo eso. Yo hubiese deseado tener este libro para que me ayudase a darle sentido a la vida durante mis años de formación."

Jonathan Merritt, orgulloso hijo de pastor y autor de *Jesus Is Better Than You Imagine* [Jesús es mejor de lo que imaginas]

"Barnabas Piper nos desafía a poner la fe en acción. *El hijo del pastor* es un libro práctico y profundo, lectura obligada para todo aquel que anhele tener una relación más cercana con Cristo."

Ryan Shook, autor de *Una fe personal: Deja de lado la religion impersonal por una fe personal*

"Al ser yo mismo un hijo de pastor, estoy seguro de que son pocos los que comprenden la perspectiva desde adentro de la burbuja que es la iglesia. Barnabas Piper captura esta perspectiva y escribe lo que muchos hijos de pastores han estado pensando por largo tiempo. Sin embargo, este libro no es solo para los hijos de pastores, es un libro para la iglesia. *El hijo del pastor* es un estudio de casos sobre los efectos de las expectativas poco realistas que otros colocan sobre nuestros hombros y las que nosotros mismos nos colocamos. Cada persona que asiste a la iglesia debería leer este libro."

Sam S. Rainer III, un hijo de pastor que
está criando a más hijos de pastores

"La trágica cultura de la celebridad que envuelve a los pastores y sus familias es como aplaudir al gran enano. Se supone que Dios es el único a quien debemos dar toda nuestra atención, no al pastor o a sus hijos. Aun así, nuestra necesidad de tener ídolos ha colocado un peso aplastante sobre los hijos de pastores, a tal punto que como dice Barnabas Piper, se *sabe de* ellos y no son *conocidos*. Siendo yo mismo un hijo de pastor, comprendo muy bien la euforia de que sepan de uno y el vacío absoluto que se siente al no ser conocido. Este libro brinda la esperanza que necesitan las familias que navegan en este 'reality show' llamado iglesia. ¡Gracias, Barnabas Piper!"

Bryan Loritts, pastor principal de Fellowship Menphis
y autor de *Right Color/Wrong Culture*
[Color correcto/cultura incorrecta]

EL HIJO DEL PASTOR

Cómo encontrar tu propia identidad

BARNABAS PIPER

EDITORIAL PATMOS

El hijo del pastor

Publicado por Editorial Patmos,
Miami, FL. 33169

Publicado originalmente en inglés por David C. Cook, P.O. Box 1400, Downers Grove, IL 60515-1426, con el título *The Pastors Kid: Finding Your Own Faith and Identity*

Traducido por Vanessa Valle
Edición por Marian Belmonte
Diseño de portada e interior por Adrián Romano

ISBN 13: 978-1-58-802746-7

Categoría: Jóvenes/Vida cristiana

Impreso en Brasil | *Printed in Brazil*

Dedicado a Karsten, Ben, Abraham y Talitha:
mis hermanos y hermanas cuyos caminos son diferentes
a los míos, al igual que lo son sus historias.
Todos hemos tenido y tendremos nuestras propias batallas y giros
en el camino, pero quiero decirles que cada uno de ustedes
me ha inspirado y ha llenado estas páginas.
Gracias, los amo a todos.

CONTENIDO

PREFACIO

Usted se preguntará si para mí fue doloroso leer este libro, y la respuesta es sí. Fue doloroso al menos por tres razones. La primera, porque expone mis pecados, debilidades e imperfecciones; la segunda, debido a que no siempre está claro cuáles de sus críticas se relacionan conmigo y la iglesia que amo; y la tercera razón es que es mi hijo, y escribe sobre sus propias aflicciones:

> Escribir este libro ha sido duro. Creo que quizá sería más preciso decir que hubo muchas adversidades para escribirlo, algunas de ellas en mi propia familia y otras mediante las experiencias dolorosas que han sufrido algunos hijos de pastores con los cuales me he relacionado en el camino. Existen muchos hijos de pastores que cargan mucho dolor, ira y aflicción. Algunos de ellos han caído en amargura, y otros están haciendo el duro trabajo de creer que Jesús los ayudará a superar lo que llevan por dentro.

Estoy inmensamente agradecido de que mi hijo Barnabas se encuentre en la segunda categoría. Se requiere confianza y valor para escribir este libro. El camino ha sido largo, y algunas veces como él mismo dice: "Necesitamos sacar lo que nos quema por dentro." Cuando eso sucede, se libera presión y hay personas que se queman.

Sin embargo, Barnabas no ha escrito para quemarme a mí ni a ningún otro pastor. Su deseo es traer sanidad. Él nos dice: "La sanidad es una de las razones por las cuales escribí el libro; deseo ayudar a los hijos de pastores a dar sentido, ordenar y expresar esas frustraciones y sufrimientos embotellados." Las frustraciones se acumulan al cargar ese "peso como de yunque" al ser los más "observados": "las personas más conocidas y a la vez las menos conocidas en la iglesia."

Pero lo que te quema por dentro sí quema a otros. "He sido duro con los pastores a lo largo del libro, ya que he señalado debilidades, inclinaciones y errores. Los he punzado, les he exigido y presionado para que sean diferentes, para que cambien y tomen conciencia de lo que sucede." Le sugiero al lector que si la zona de calor se pone demasiado ardiente, tome un descanso y salte al estanque del capítulo ocho.

Hay un arroyo de gracia que corre a través de este libro, y usted puede tomar de él mientras lo recorre. Sin embargo, al final se convierte en un estanque, un bálsamo. Barnabas es honesto sobre sus propias batallas y errores; ha bebido profundamente de la fuente de la gracia, y conoce por experiencia propia la única solución para todos nosotros:

> Deseo enfatizar que Jesús es el único que puede cambiar los corazones, y quitar todas las cargas... La gracia, el favor inmerecido que recibimos de Dios, por medio de Jesús, es la fuente de vida, humanidad e identidad... Los hijos de pastores pueden romper con las falsas expectativas y ver lo

que realmente hace feliz a Jesús si se sumergen dentro de la libertad del incontenible amor de Cristo.

Resulta que cuando el fuego termina y las quemaduras empiezan a sanar, hay esperanza para los hijos de pastores, los pastores y las iglesias. "No todo son malas noticias para los hijos de pastores." A través de todo esto, los hijos de pastor han sido aprendices involuntarios y algunas veces no dispuestos. Ellos han visto lo bueno y lo malo, y muchos se han beneficiado de ello.

> Hemos visto los placeres del ministerio... ayudar a restaurar un matrimonio destrozado, orar con la viuda que tiene el corazón roto, servir al desposeído que toca a la puerta... ver la hermandad del equipo de trabajo de una iglesia unida o... la profunda satisfacción llena de humildad que existe al ver que Dios usa un ministerio que ha sido fiel a lo largo del tiempo para enderezar el barco de una iglesia que se hunde.

En algún momento quizá no sea posible evitar sentir ese fuego interno debido a las experiencias dolorosas, pero Barnabas hace un llamado a sus compañeros hijos de pastores para que no se "revuelquen y lamenten de ellas. Por el contrario, debemos asumir nuestras responsabilidades: honrar a Jesús, honrar a nuestros padres y madres, amar y apoyar la iglesia y vivir nuestras vidas no como víctimas sino como los redimidos. La gracia está aquí para todos nosotros." Y esto incluye a los pastores en pecado y heridos. "Ningún hombre es adecuado para ser pastor… Esa es una labor para la cual ninguna persona está preparada, al menos no se puede realizar estando solo, no sin la profunda gracia que viene de Dios. Y esa es la clave de todo esto: la gracia." Por supuesto, esta gracia también es una realidad para la esposa y madre que mira con lágrimas las circunstancias que rodean la relación entre el hijo y el esposo, o para la madre que carga el peso del rechazo de su hija.

Finalmente podemos decir que hay gracia para la iglesia. "La iglesia es nuestra familia, es la familia que Dios nos dio, entonces no te des por vencido. No existe un mejor lugar para ser restaurado."

Cuando recibí el manuscrito de este libro y lo leí, le di un ejemplar a nuestra hija de diecisiete años y le dije: "¿Podrías leer esto y luego hablamos sobre cómo puedo ser un mejor padre?" Ella lo leyó, y tuvimos una buena conversación al respecto que aún no ha terminado. Sospecho que tendrá otras ideas sobre el tema cuando tenga treinta años y yo ochenta, pero espero que ella pueda ahorrarse algunas aflicciones debido al libro de su hermano mayor. Sé que la responsabilidad más grande de esto recae sobre mí, y por eso agradezco la conclusión de ánimo que Barnabas escribió:

> Pero ahora deseo dar las gracias. Quiero decir que los hijos de pastores son personas bendecidas al tener padres que han dedicado sus vidas a servir a Jesús… Por eso, gracias pastores (y sus cónyuges). Ustedes han entregado sus vidas para servir a Jesús y a su Iglesia, y eso es una bendición."

John Piper

INTRODUCCIÓN

El 31 de marzo de 2013, un domingo de Pascua, fue el último día de John Piper como pastor de la Iglesia Bautista Belén en Minneapolis, Minnesota. Fue el pastor principal en ese lugar alrededor de treinta y tres años, y durante el tiempo que pastoreó allí, la iglesia había crecido desde unos pocos cientos de personas hasta tener miles. La congregación pasó de ser una iglesia tradicional bautista, que estaba asentada en un viejo edificio destartalado al este de la ciudad, a una mega-iglesia con varios campus a lo largo del área de Twin Cities. La permanencia de John Piper en el cargo fue larga y fructífera, tanto desde el punto de vista numérico como desde la perspectiva de las cosas que son más importantes: las almas que cambiaron, los corazones que llegaron a Cristo y una pasión por compartir la supremacía de Dios. John Piper es mi padre.

El 31 de marzo del 2013 también fue mi trigésimo cumpleaños. Si hace los cálculos, rápidamente se dará cuenta de que eso significa que toda mi vida, hasta ese día, fui el hijo del pastor. En otras palabras, yo era un "hijo de pastor." Eso fue lo único que conocí. A los dieciocho años salí de Minnesota para ir a estudiar a la universidad; en la siguiente década me casé, tuve dos hijos y me fui a vivir al área de Chicago. Pero todos esos cambios y progreso nunca me sacaron de la realidad de ser hijo de pastor. Una vez que eres hijo de pastor siempre serás hijo de pastor. Es una marca indeleble.

Todo niño afronta retos en su crianza, y cada familia sufre de las idiosincrasias, rarezas y errores de ser como es. En una familia, todos son pecadores criados por pecadores, por eso nuestras historias incluyen las debilidades y humillaciones ante Dios y la humanidad por igual. Sin embargo, me he dado cuenta de que existe una singularidad que los hijos de pastores enfrentan: el cóctel Molotov espiritual y emocional que se crea al enfrentar la realidad de ser un pecador en exhibición en una familia que tiene ministerio. Por esa razón escribo este libro. Mi intención no es exhibir de alguna manera la vida miserable que nosotros los hijos de pastores llevamos o exhibir a mi familia en forma particular, sino describir los cambios únicos que los hijos de pastores han enfrentado al ser hijos de ministros.

La vida de un hijo de pastor es compleja, ocasionalmente desastrosa, a menudo frustrante, y algunas veces francamente exasperante; inclusive puede ser una maldición y una desgracia. Pero ser hijo de pastor también puede ser una profunda bendición y provee un maravilloso fundamento para tener una vida dedicada a Dios. A menudo, los desafíos más grandes constituyen el fundamento más extraordinario, así como las caídas mayúsculas son las bendiciones más grandiosas que existen. Esta polaridad ejemplifica el reto que significa ser un hijo de pastor.

Para los hijos de pastores, los pastores y la congregación

Mi corazón al escribir este libro tiene tres propósitos. Primero, ansío hablar por los hijos de pastores, no como un observador experto o un investigador maestro, sino más bien como uno de ellos. Deseo hablar con sinceridad, humildad y claridad en nombre de aquellos que enfrentan estos desafíos singulares y no saben que decir o cómo describir sus luchas. Quiero darle una voz al hijo de pastor que no sabe qué hacer con sus retos.

Segundo, deseo hablar a los pastores: Ministros del evangelio, sus hijos están es una posición de reto extremo. Ustedes están en un lugar igualmente desafiante. Aunque los ministros que son sensatos comprenden esto, me temo que puede que no vislumbren por completo las profundidades de la batalla que sus hijos enfrentan, o enfrentarán. Este no es un libro para señalar de manera acusadora los errores de los pastores, aunque algunos serán confrontados. El libro tiene como propósito ayudarle a evitar y poner remedio a esos errores. Para algunos pastores este libro será una dura llamada de atención, así como un baldazo de agua fría en su soñoliento rostro, y eso está bien. Si usted está dormido, lo necesita para despertar.

Tercero, escribo a la iglesia, ya que la congregación tiene más responsabilidad de lo que cree con respecto a cuidar y llevar la carga que está en el pastor y su familia. Muy a menudo la iglesia ha adoptado la cultura de poner una presión enorme sobre el pastor y su familia.

Ahora bien, cuando digo "la iglesia" no me refiero solamente a una organización, aunque es parte de eso; me refiero a todas las personas que conforman la iglesia. La gente, de manera individual, es la que añade peso a la carga que el hijo de pastor lleva, y por eso espero que este libro abra los ojos con respecto a algunas cosas que deben cambiar. A medida que usted continúe leyendo, conocerá mi corazón. Ansío ver los corazones de los padres volver a sus hijos y los hijos a sus padres (y las madres también, pero al ser un hijo de pastor tenía que usar la frase bíblica). Anhelo que las cargas sean quitadas, esas que se han arrastrado aún desde la infancia; así como también deseo señalar que Jesús es el único que puede cambiar los corazones y llevar toda carga.

Este libro no se trata de...

Quiero compartir algunas palabras finales sobre lo que usted encontrará en estas páginas, ya que una de las peores cosas que pueden suceder en la relación entre un lector y un libro es que existan ideas equivocadas y falsas expectativas. Así que permítame aclarar lo que es y no es este libro.

Yo no soy George Barna o Dave Kinnaman. La investigación y las estadísticas no son mi fuerte, por eso lo que está a punto de leer no tiene extrapolaciones y conclusiones basadas en sondeos y datos numéricos. Tampoco es una autobiografía o alguna forma de exhibición de todos los secretos oscuros de mi familia. Este libro no relata la historia de cómo fui criado, no creo que sería interesante. Además, para escribir una buena autobiografía hay que ser un genio artístico.

Este es un conglomerado de decenas y decenas de conversaciones que he tenido con amigos hijos de pastores. Este libro ha salido de correos electrónicos e historias que ellos me han enviado; es el resultado de una vida de observación de mi propia familia y de las familias de numerosos pastores que he tenido la oportunidad de conocer. Este libro nace de mi propia experiencia y de las vivencias de aquellos que están cerca de mí. Por eso, más que hacer un listado de situaciones, he tejido esas cientos de historias en una sola persona: el "hijo de pastor." Esto quiere decir que compartiré la historia del hijo de pastor a grandes rasgos. No todos los hijos de pastores compartirán todas estas experiencias, pero todos los hijos de pastores saben de ellas.

Tengo que decir que tampoco soy un experto en el ministerio pastoral o en la salud de la iglesia, así que no ofrezco una serie de lecciones o capítulos prescriptivos. Yo solo *soy* un experto es ser un hijo de pastor (y no lo puedo evitar), y por eso usted encontrará en estas páginas la perspectiva del hijo de pastor de tal manera que ayude a la iglesia, al pastor y a mis compañeros hijos de pastores. Mi propósito es despertar conciencia sobre las batallas de los hijos de pastores y dar voz a un grupo de personas que a menudo son bien reconocidos pero son muy poco conocidos.

Cuando uno saca a la luz los problemas y batallas personales, es muy fácil escarbar en la psicología, las situaciones de desarrollo humano, el origen familiar, naturaleza y crianza, y cosas semejantes. Tengo que aclarar que yo tampoco estoy calificado para hacer ese tipo de análisis. Cada hijo de pastor tiene una composición genética diferente y un entorno diferente en el cual fue criado. Algunos son de iglesias diminutas y otros de iglesias enormes. Algunos cambiaron de lugar todo el tiempo, mientras que otros han estado en la misma iglesia desde la niñez. Algunos provienen de contextos distintivamente conservadores y otros de contextos más liberales. Todo esto tiene que ver con la formación de un hijo de pastor, pero no soy yo quien va a agrupar y explicar cada cosa. En cambio, este será un libro de descripción y observación que unirá diferentes fragmentos provenientes de diferentes realidades.

Por último, deseo agregar que no pretendo lastimar a nadie con este libro, pero es probable que alguien salga herido. Los pastores podrían sentirse atacados y las iglesias criticadas. Los hijos de pastores podrían sentirse expuestos o quizá mal representados. Por favor, deseo aclarar que yo respeto a quienes están en el ministerio pastoral, yo soy devoto de la iglesia de Cristo, y como un hijo de pastor, solo quiero ser la voz que produzca un cambio sano.

Iniciaremos por el principio, desnudando el alma de los hijos de pastores; y mientras hacemos esto otras cosas serán expuestas también, incluidas algunas de las deficiencias de la iglesia y sus líderes. Tomaremos un buen tiempo en esto, pero no de manera melancólica e introspectiva, sino más bien como una búsqueda de la esperanza y restauración que los hijos de pastores necesitan, ya que en esa búsqueda podremos encontrar tanto una cosa como la otra.

Capítulo 1

¿QUÉ LE PASA A ESE MUCHACHO?

"¡Ah, entonces usted es hijo de pastor!" Esa es la frase clave de un chiste que no debería ser contado, y ese chiste es mi vida: la vida de un hijo de pastor. Los hijos de pastor tienen una reputación; tenemos la mala fama de ser alborotadores, rebeldes, agitadores y en general malandrines. Bueno, usted podría notar que tenemos cierta reputación porque hasta nos ganamos nuestra propia abreviatura, no se escucha que al hijo de un maestro lo llamen el "HM" o el hijo de un vendedor sea conocido como el "HV". En muchos casos, este tipo de reputación se ha ganado justamente y viene desde mucho tiempo atrás (como por ejemplo, el Capitán Kidd, un reconocido pirata de diecisiete años que era hijo de un ministro presbiteriano).

Así como son de comunes los chicos problemáticos, así es el hijo de pastor al que no le interesa la fe de su padre y que sale de la iglesia lentamente a la deriva o corriendo con su dedo medio volando alto. Otros hijos de pastores nunca dejarían la iglesia, pero su estadía es monótona y rutinaria en lugar de ser comprometida y apasionada. Se ha escrito mucho acerca de los chicos que dejan la iglesia y la fe[1] pero estos son hijos de los *pastores*. Se supone que son los chicos buenos, los que saben todas las respuestas, los campeones de los concursos bíblicos.

> "No solo se espera que los pastores estén por encima del pecado y vivan vidas santas, sino que se espera que sus hijos también vivan así."
>
> —Gail Hanson, hijo de pastor

> "Quieren que el hijo de pastor vista como el abuelo y se comporte como Jesús, y a la vez están esperando el momento en que la hija del pastor se ande besuqueando por ahí y el hijo tome cerveza."
>
> —Jeremy Noel, hijo de pastor

¿Puede ver cuál es el problema que se crea? En solo dos párrafos de este capítulo ya tenemos dos estereotipos conflictivos: la expectativa burlona del fracaso y la legalista de la perfección. No hay una opción ideal para los hijos de pastores, ya que no hay una respuesta correcta. El alejarse de la fe termina en destrucción, mientras que la búsqueda legalista de la perfección, bueno, también termina en destrucción. Al final se siente como que lo único que nos queda es una posición incómoda entre la espada y la pared, o simplemente podemos dejarlo todo por completo

Chicos normales, una vida anormal

En nuestros corazones, los hijos de pastores somos gente normal. Nacimos con diversos dones, inclinaciones, tendencias y talentos al igual que cualquier otro chico o chica. Algunos de nosotros amamos los deportes, a otros les encanta leer, así como hay también quienes gustan de las artes. Algunos son tranquilos y otros son bulliciosos. Algunos de nosotros somos perezosos y otros somos estudiosos, así como son los otros chicos.

Y al igual que ellos tenemos una cosa en común: somos pecadores. Cada hijo de pastor nació de la misma semilla de Adán que el hijo del fontanero, el banquero o el músico. Es importante dar por sentado esto, ya que es un paso que nos ayuda a establecer las expectativas correctas: los pecadores pecan.

No, los hijos de pastores no nacen siendo diferentes a los demás. No existe un peculiar ADN pastoral que al heredarse se mete en nuestras mentes y corazones y nos lleva a tener problemas. Nosotros no nacimos más desastrosos que los otros chicos; tampoco nacimos menos desastrosos que los demás solo porque se supone que la santificación pastoral se nos pega.

Entonces ¿por qué todos los hijos de pastores, que se supone tienen toda la ventaja bíblica, luchamos para aceptar y vivir la fe de nuestros padres?

Permítame responder la pregunta con otra pregunta: ¿por qué los pastores entran a trabajar en el ministerio? Me refiero a los buenos pastores, los que aman la Biblia, los que tienen pasión por Jesús y desean ver que las personas conozcan a Cristo. ¿Qué es lo que los mueve a buscar la vida de un pastor y dejar atrás otra carrera, o la esperanza de otra persona, para convertirse en el pastor de un rebaño descarriado y astuto? La razón es el llamado, esa fuerza ineludible en el corazón y la mente que lo atrae a pastorear; y es Dios quien le llama, por lo cual el pastor lo sigue. No tiene otra opción y no tiene ningún otro deseo. ¿Y qué sucede con sus esposas? Cuando

Dios llama, ellas también responden. La esposa del pastor tiene un llamado al ministerio al igual que el mismo pastor, y en muchas circunstancias lleva una carga más pesada. De buena gana ella se une a su esposo en esta misión y ve cuál es su lugar en la misma. Como pareja, ellos viven la vida ministerial mano a mano caminando hacia la misma dirección. El llamado que él tiene es el mismo que ella tiene. (Sí, yo sé que hay numerosos casos de pastores que arrastran a sus cónyuges al ministerio. Eso es todo un problema aparte. En este caso estoy describiendo aquellas parejas donde ambos tienen el deseo de servir al Señor juntos).

Bueno, pero ¿qué pasa con los hijos? ¿Son lo suficientemente grandes como para tomar sus opiniones en cuenta? Pues no, si ni siquiera han nacido. ¿Tienen los hijos alguna idea de lo que papá y mamá se han propuesto hacer y ser? ¿Tienen la más mínima idea de lo que eso va a significar para sus vidas? Aún los chicos que son lo suficientemente grandes como para estar de acuerdo con el nuevo trabajo de papá, no tienen idea de lo que esa decisión va a significar en sus vidas. Y en el caso de los que no han nacido, simplemente están arruinados. Puede ser que papá y mamá estén siguiendo el llamado de Dios, pero los chicos solo están siguiendo a sus padres. ¿Qué otra opción tienen?

Un chico no sabe del llamado de su padre que es pastor. Lo único que conoce son los efectos que ese llamado tiene sobre su vida. El muchacho no se siente obligado hacia el ministerio, porque él no lo está. Sí, el llamado de un hijo es el de honrar a sus padres, pero eso no es lo mismo que tener un llamado con vocación ministerial. El llamado del padre no es el llamado del hijo, pero el ministerio del padre crea un peso de yunque en la vida de un hijo, ya que este último solo siente la presión del llamado. Incluso los mejores padres que son pastores no pueden proteger a sus hijos de esto. En parte, es precisamente esta presión la que lleva a tantos hijos de pastores al punto de quiebra.

La olla de presión

Cocinar con una olla de presión se parece mucho a hervir los alimentos en una olla convencional. En ambos casos se necesita una gran olla de metal con agua dentro que se coloca sobre un quemador de la cocina. Lo que pasa es que cocinar en una olla de presión es mucho más rápido que hervir comida en una olla común. ¿Por qué se cocina más rápido? Porque cuando el agua se convierte en vapor y está atrapada, se presuriza y el vapor presurizado alcanza temperaturas mucho más altas. Entonces, en lugar de que su comida se cocine a 100°centígrados (que es el punto de ebullición del agua), se cocina a 121°. Y no solo esto, resulta que las temperaturas y las presiones más altas generan reacciones químicas que aumentan la tasa de cocción hasta cuatro veces más.

¿Por qué le cuento esto? Porque ser un hijo de pastor puede ser muy parecido a vivir en una olla de presión. Aunque nos vemos como los otros chicos y los ingredientes son los mismos, nuestra atmósfera es, aunque de manera sutil, inmensamente diferente. No hay nada igual a la presión que el ministerio genera con las expectativas. Si a todos los otros chicos los están cocinando a 100° centígrados (lo cual ya es un desafío), a nosotros nos cocinan a 121°

presurizados, y llegamos a nuestro punto de "listo" mucho más rápido que los otros.

> "Yo realmente sentí la presión de que tenía que ser perfecta."
> —Chriselda Dirrim, hija de pastor

El ministerio pastoral no se asemeja a otros casos donde los hijos también tienen un alto perfil mientras crecen. El ministerio no es como la política o la vida que llevan las celebridades de Hollywood. Si bien es cierto que en esos casos los chicos tienen grandes presiones, ellos no vienen con la carga de expectativas inalcanzables que tantos hijos de pastores sienten. La hija de un senador simplemente tiene que verse lo suficientemente santa para que la gente no levante las cejas, y luego ella puede escapar al ojo público. A partir de ahí, lo único que tiene que hacer es cuidarse para no ser atrapada haciendo algo demasiado estúpido. Para un hijo de pastor, no hay más remedio que *ser* santo para que el nombre de Jesús y la posición del papá no sean avergonzados; el trabajo en sí requiere santidad. Las cosas se van poniendo más calientes aquí adentro, ¿no es cierto?

Las realidades

Hasta ahora, lo único que he hecho es identificar la presencia de los desafíos en la vida del hijo de pastor y he presentado algunas vagas alusiones en cuanto a lo que son esos retos. Conforme vayamos avanzando por estos capítulos exploraremos las realidades que enfrenta el hijo de pastor. Sin embargo, antes de continuar, quiero dejar clara la premisa dentro de la cual estoy: los hijos de pastores enfrentan obstáculos únicos que crean un entorno que puede conducir a desafíos significativos en lo espiritual, la identidad y el estilo de vida. A veces, estos retos se expresan como una rebelión abierta y en otras ocasiones es posible que apenas se note, ya que el hijo de pastor tiene tanto dominio de las artes de la santidad de la iglesia, que puede desplegar su hipocresía frente al diácono más astuto o ante el maestro de escuela dominical.

En algunas ocasiones, estas luchas están tan arraigadas en el alma de los hijos de pastores que ni siquiera saben si realmente profesan lo que alguna vez creyeron mientras crecían. A veces no pueden diagnosticar las luchas en absoluto, y no tienen idea de que aún existen esas luchas. Para mí, no fue hasta que llegué a una crisis espiritual masiva en los veintitantos años cuando empecé a reconocer la profundidad de mis problemas de identidad espiritual. Yo estaba destrozado, primero por el peso del pecado y luego por el peso de la gracia. Los pecados que habían crecido como una infección en mi corazón desde hacía décadas fueron expuestos y arrancados, dolía como una astilla del infierno. La falsa identidad que escondía tanta deshonestidad y maldad fue aplastada por la disciplina de la gracia de Dios, y ¿con qué quedé? ¿quién era yo?

En la sanidad y restauración desde entonces, me he dado cuenta de que gran parte de lo que pensaba de quién era yo antes de esa crisis provenía de las enseñanzas de mi padre y de la fuerza de su ministerio, pero no eran mi fuerza ni mis enseñanzas. No me había apropiado de ellas ni me sentía cómodo con ellas, así como esa fuerza y enseñanza tampoco se habían apropiado de mí o me podían brindar consuelo. Aunque conocía cada centímetro del mapa, yo estaba perdido. En resumen, el Jesús de John Piper no era el Jesús Barnabas Piper. Barnabas Piper no conocía realmente a Jesús.

Esto no significa que yo no fuese salvo; lo que quiero decir es que yo no tenía una relación con Jesús que fuera profunda, estrecha, personal, y que verdaderamente pudiera cambiar mi vida. Por la gracia de Dios no he rechazado la enseñanza o la fe que mi padre trató de inculcar en mí mientras crecía, pero tampoco he seguido cuidadosamente sus pasos. Tengo mis propias opiniones, mis propios procesos de pensamiento y mis propias convicciones, al igual que estoy desarrollándome como hombre y seguidor de Jesús de una manera diferente a la de mi padre. Tengo diferentes dones, diferentes aficiones, e incluso diferentes convicciones acerca de muchas cosas. No obstante, la fe, la verdad de que Jesucristo es mi única esperanza, es una de las cosas que comparto con mi padre. Sin embargo, Dios tuvo que quebrar por completo el pecado en mi vida para que yo pudiese llegar a ese punto; mi identidad como hijo de pastor no fue lo que me salvó, fue la gracia de Dios.

Y lo mismo sucede con todos los hijos de pastores que siguen a Jesús. Al conversar con hijos de pastores por todo el país, me ha sorprendido ver que muchos se han alejado de Jesús, pero también estoy asombrado al ver que muchos viven sus vidas para Jesús con pasión y propósito. Ambos resultados parecieran poco probables, y aun así son los mismos hijos de pastores quienes viven las dos cosas; en otras palabras, se alejan de Jesús y luego viven para Jesús. Por esta razón, a medida que avanzamos, es mi deseo que usted perciba que este no es un libro de desesperanza o sobre cómo va a terminar el mundo; la gracia de Dios es más grande que estas batallas. Este libro solo es una vislumbre de las realidades que los hijos de pastores viven mientras son cocinados a presión en el ministerio de sus padres.

Nuestras historias son diferentes, nuestros padres son diferentes, nuestras iglesias son diferentes, pero las presiones son básicamente las mismas y nuestras luchas también son las mismas. Por eso nos proponemos conocer esas luchas, buscar formas para evitarlas, y descubrir lo que Dios quiere que aprendamos de estas batallas.

Capítulo 2

LA PECERA

"Puedo recordar a mi madre diciéndome, desde que yo era muy niño, que siempre nos estaban observando. Esa frase aún la llevo conmigo."

—Jordan Taylor, hijo de pastor

"Ser hijo de pastor atrae el tipo de atención sobre una familia y, consecuentemente, sobre los chicos, que puede generar dificultades."

—Tyler Braun, hijo de pastor

"Los ojos de todo el mundo siempre están sobre ti."

—Valor Poland, hijo de pastor

Hablando meramente a nivel de estilo de vida, uno de los mayores desafíos que enfrentan los hijos de pastores es el escrutinio. Este escrutinio se siente perpetuo y persistente, incluso invasivo. Los hijos de pastores somos como todas las demás personas respecto a querer ser *conocidos*; deseamos que la gente entienda nuestros corazones, nuestros temores, y todo lo que nos hace lo que somos. Sin embargo, este tipo de escrutinio crea una horda de gente que tiene mucha información *sobre* nosotros, lo cual genera una tensión en la que puede ser difícil darnos a conocer realmente. Por eso los hijos de pastores terminan siendo las personas más conocidas y menos conocidas de la iglesia. En la mayoría de los casos no nos observa solo una persona o un grupo en particular de personas, es más bien un esfuerzo desorganizado, colectivo y en gran manera no intencional por parte de la iglesia como un todo. En el mejor de los casos, es molesto; en el peor, es sofocante y torcido.

Este tipo de escrutinio penetrante no es una cosa obvia. No se compone de personas que husmean, espían o se esconden. El resultado principal del escrutinio es la información, o tal vez lo que podríamos llamar "hiperinformación;" en otras palabras, un exceso de información sobre nosotros. La gente simplemente es consciente constantemente del hijo de pastor de maneras que difieren de la conciencia que tienen de otros niños. Este es un problema sutil, porque la gente ni siquiera se da cuenta de cuán notorios les son los hijos del pastor. La gente en la iglesia acumula detalles acerca de la vida del hijo de pastor debido a las ilustraciones que se usan en los sermones (y todavía los pastores se preguntan por qué los niños odian ser mencionados en las prédicas) o de una conversación por aquí y un comentario por allá. Se dan cuenta de cosas que ni siquiera serían motivo de una conversación o que no saldrían a la luz de no ser que tratara del hijo del pastor. El motivo es inocente además de ser accidental en la acción.

Mi papá tiene un sermón llamado "Llevar a cabo misiones cuando el morir es ganancia".[2] Es un mensaje que se ha convertido en algo trascendental para su ministerio. Sin embargo, lo que a mí me llama la atención de este sermón es una pequeña historia, una historia que trata sobre mí cuando era niño. Resulta que mi padre cuenta que una tarde corrí a casa llorando después de que un grupo de chicos de nuestro barrio, que estaba en el centro de la ciudad, robara mi bicicleta. Según cuenta la historia, mi padre vio eso como una oportunidad para enseñarme sobre el sufrimiento y hacer sacrificios por el evangelio. Y eso es lo que significa la historia para los miles de personas que han escuchado el sermón hasta ahora. Pero, ¿sabe lo que esa experiencia significó para mí? Significó dolor, vergüenza y tristeza por la pérdida de una bicicleta, ese tipo de tristeza que solamente un niño puede sentir al perder su juguete favorito. En los años que han transcurrido desde que el mensaje se hizo popular, al menos una decena de personas, en su mayoría desconocidos, me han preguntado acerca de la historia, una historia que en cualquier circunstancia normal ni siquiera hubiese sido conocida. Ellos saben algo acerca de mí, y se han dado cuenta de que existo. Ahora bien, en otras circunstancias esos desconocidos ni siquiera se hubieran percatado de mi nombre; sin embargo, ahora tienen preguntas acerca de un momento privado de mi infancia

La presión de este tipo de notoriedad expansiva se asienta sobre los hombros del hijo de pastor debido a cosas pequeñas, comentarios que la gente hace acerca de cosas que no les incumbe. Esos comentarios no suelen ser maliciosos, simplemente están fuera de lugar. La gente siente que "conoce" al hijo de pastor, y entonces pregunta sobre el partido de fútbol que jugó el sábado pasado. Eso es muy bonito, pero ¿cómo es que llegan a saber de esas cosas? O de pronto una mujer le puede felicitar por haber ingresado a una universidad en particular. Gracias, señora. ¿Podría decirme otra vez quién es usted?

Cada uno de esos pequeños comentarios pone en evidencia el conocimiento de los detalles de la vida del hijo del pastor. En un domingo, el hijo de pastor puede escuchar hasta diez comentarios o preguntas provenientes de diez personas diferentes que no tienen ninguna intención de punzar o curiosear. Incluso el número de personas que saludan al hijo de pastor por nombre es sofocante. Todo eso constituye la sensación de ser observado; y el hijo de pastor se siente observado frecuentemente, todo el tiempo y en todo. Eso es vivir en una pecera, expuesto y en exhibición.

Los que son bien conocidos pero realmente desconocidos

A las personas les encanta ser conocidas. Somos seres de relaciones, ya sea que lo expresemos como una extroversión vivaz o como una introversión conversacional. El hecho de que lo conozcan a uno genera que uno se sienta protegido, seguro y cálido. Esa necesidad de relacionarnos con otros ha estado en nuestro ADN desde el principio de los tiempos cuando Adán caminaba con Dios y Eva fue creada para estar *con* Adán como una compañera y ayudadora. Adán necesitaba de la compañía de Eva porque fue diseñado para necesitarla. Incluso Jesús, el Hijo del trino Dios que ha estado por siempre en relación, se rodeó de doce amigos cercanos, y tres de ellos fueron los más íntimos. Que lo conozcan a uno es liberador, porque significa que podemos ser nosotros mismos con todos nuestros defectos, manías, dudas, miedos, paradojas y secretos. Eso es algo que no se encuentra fácilmente, y debe ser ferozmente protegido y fomentado. Sin embargo, surge un problema importante cuando confundimos el ser conocidos *con* que nos conozcan.

Es estimulante cuando lo reconocen a uno. Es emocionante darse cuenta de que aun gente relativamente extraña sabe de ti; eso brinda un sentimiento de influencia (real o imaginario) e inclusive de poder. Este reconocimiento hace que uno se sienta especial, y por esa razón las personas están dispuestas a hacer cosas estúpidas para volverse "famosas." Los programas de *reality* en la televisión se encuentran llenos de personas que venden su dignidad para darse a conocer. Los hijos de pastores se encuentran en ese nivel público donde los conocen muchos, aunque el contexto sea diferente al de los concursantes del programa Gran Hermano.

Ser una persona tan conocida en el círculo de la iglesia tiene sus ventajas, ya que uno se puede sentir bien por ser popular, y además puede abrir puertas a ciertas oportunidades y da la impresión de que la gente lo aprecia a uno. ¿Quién no quiere ser apreciado? Sin embargo, existe otra cara de la moneda cuando una persona es reconocida.

Cuanta más información tiene la gente sobre una persona, más piensa que la conoce; es decir, que supone más cosas sobre esa persona. Como hijo de pastor, puede ser tremendamente difícil pasar de ser conocido a que lo conozcan a uno debido a todas esas suposiciones.

Las suposiciones sobre lo que se sabe

Muy pocas personas en la iglesia verbalizarían sus suposiciones sobre el hijo de pastor, o ni siquiera van a reconocer de manera consciente que tienen esas suposiciones; sin embargo, esas suposiciones están presentes. Por ejemplo, algunas personas suponen que todo va bien, que el hijo de pastor lo tiene todo solucionado. Por lo general, esas personas están equivocadas; recuerde que el hijo de pastor es un ser humano como cualquier otro. Otros se sienten intimidados por el hijo de pastor, ya que piensan que el hijo de pastor debe de saber más versículos bíblicos, ser más sabio, y tener una línea telefónica secura y directa a la oficina de Dios en el cielo. Pues no, a menudo no es así. Por otro lado, también existe la suposición sobre la familia, que dice: el hijo de pastor tiene un padre que es *pastor,* y su madre dirige los ministerios de mujeres, niños, hospitalidad, retiros, elaboración de edredones y cocina; entonces ¿qué le puede ofrecer un viejo feligrés común a este hijo de pastor? Lo cual es una falsa suposición. Un feligrés común puede ofrecer algo poderoso al hijo de pastor, en realidad muchas cosas.

El hijo de pastor quiere que lo conozcan realmente, no solo que sepan de él. Queremos tener relaciones que vayan más allá de las fachadas y que desentierren las inseguridades y necesidades. Anhelamos esos amigos y mentores que deseosamente dejen de lado todo lo que ellos piensan que saben de nosotros como hijo de pastor y que nos conozcan como simples personas. Esos amigos se identificarán y serán parte de nuestras pasiones, nuestros intereses, nuestros miedos, nuestras confusiones. A lo largo de mi vida y desde la escuela secundaria, he tenido estós amigos. Ellos son los que me llaman la atención cuando miento, además caminan a mi lado y lidian con mis pecados, también me perdonan cuando peco contra ellos. A ellos no les importa en absoluto quién es mi padre, y en lugar eso dirigen su atención a mi vida y me ven a mí. Estos amigos son los que han estado a mi lado en mis peores días y me han ayudado a atravesar esos días, mis amigos me *conocen*. Los hijos de pastores tienen batallas, y si solo nos rodean personas que saben de nosotros, terminamos embotellando esas luchas y la presión aumenta. El hecho de que nos conozcan realmente es una liberación, crea un lugar para derramar nuestros problemas y ser ayudados, apoyados, corregidos, enseñados y simplemente *conocidos*.

> "Cuando yo era pequeño, había tantas personas fuera de mi familia que me veían como 'el niño bueno' que el orgullo y la autosuficiencia se alimentaron en mi corazón."
>
> —Ryan Davidson, hijo de pastor

> "Creo que ellos suponían que como siempre me comporté bien y tenía las respuestas correctas, yo estaba bien."
>
> —Valor Poland, hijo de pastor

> "¿Dónde hay un lugar seguro al cual uno pueda acudir cuando se enfrenta a las luchas? ¿Con quién puede hablar? Ni siquiera se puede acudir al pastor…".
>
> —Valor Poland, hijo de pastor

La gente tiene muchas otras suposiciones acerca de los hijos de pastores. A continuación están cinco de las más generalizadas; existen otras y variaciones de estas, pero estas cinco hacen estragos en las iglesias.

El hijo de pastor tiene una estupenda relación con Dios

Los hijos de pastores son pecadores, y previamente hemos establecido esto de manera clara. Ser pecador significa que, al igual que todas las demás personas, nuestra conexión con Dios está rota sin Jesús. No obtenemos nuestra relación con Dios a través de osmosis de nuestros padres, a pesar de sus estudios de la Escritura o sus predicas dinámicas. El servicio fiel de nuestras madres no puede hacer nada para lavar nuestros pecados. No, no es así. Nosotros necesitamos conocer a Jesús y ser ganados por Él. Más adelante voy a profundizar sobre por qué esto es un desafío para los hijos de pastores, pero por ahora debe saber que esta es una suposición falsa. La relación de un hijo de pastor con Dios puede o no ser sana, pero el hecho de que su padre sea pastor no determina eso.

El hijo de pastor tiene una relación estupenda con su familia

La realidad de que los hijos de pastores son seres humanos normales (tanto como cualquier otra persona pueda ser "normal") es un redoble de tambor que se hace en este libro de diferentes maneras. Continúo sacando esto a colación porque muchas de las expectativas y suposiciones que existen para nosotros son anormales. Veamos el caso de esta suposición: por ejemplo, tomemos una familia saludable con un par de padres muy trabajadores que aman a sus hijos, hijos que invierten mucho en sus estudios, invierten mucho jugando e invierten mucho para obedecer. Pensemos por un momento en cuánto conflicto esta familia debe encarar diariamente por cosas como de quién es el turno de sentarse adelante en el auto, quién se supone que debe sacar la basura, o por qué el padre no fue al partido de fútbol de Junior. Entonces nos damos cuenta de que las familias saludables no son la norma. Ahora añadamos a esta familia las presiones de una iglesia completa compuesta por gente disfuncional, añadamos un horario extraño, finanzas apretadas (lo cual es parte de muchas familias de pastores), y toda la atención y las suposiciones que se han abordado hasta el momento. ¿Cómo se puede esperar que la relación de un hijo de pastor sea saludable con su familia?

La gracia de Dios es muy grande, y existen muchas familias de ministros que son saludables, pero no se puede suponer que esto sea siempre así. El ministerio en sí mismo es una carga para las familias, para muchos es una carga que vale la pena, pero sin embargo sigue siendo una carga. Suponer que el hijo de pastor tiene una excelente relación con sus padres y hermanos es hacer una suposición peligrosa respecto a todas las partes involucradas. El padre es pecador, la madre es pecadora y los hijos son pecadores; solo por medio de la gracia, las relaciones entre los miembros de la familia pueden llegar a ser sanas.

El hijo de pastor ama a la iglesia

Los hijos de pastores tienen una relación complicada con la iglesia. Muchos aman la iglesia y son tan devotos de la misma como sus padres. Muchos dependen de la iglesia para determinar sus identidades y reforzar quiénes son. La iglesia es un lugar de protección donde están seguros y son apreciados. En una ocasión conversé con una hija de pastor que me describió lo difícil que fue la transición que vivió cuando su familia se mudó de un pueblo a otro, por lo cual tuvo que cambiar de iglesia y de tener una vida en escuela cristiana a llevar una vida en escuela pública. Una cultura le proporcionaba seguridad y protección, la otra fue avasallante y aterradora. Para bien y para mal, la iglesia era su refugio e identidad.

Muchos hijos de pastores están resentidos con la iglesia ya que lo ven como un lugar de altas expectativas e hipocresía. Para otros, es el lugar donde sus padres hacen negocios. Para mí fue una combinación de los dos casos anteriores, pero mi relación con la iglesia nunca fue pura, fue más bien un amor adulterado. Una parte de mí realmente la amaba, pero también había momentos en que la odiaba. Odiaba la presión y las expectativas. Me molestaba que la iglesia fuera una entidad alrededor de la cual mi familia orbitaba. Suponer que un hijo de pastor ama la iglesia es simplificar en exceso lo que es una relación complicada.

El hijo de pastor está muy seguro de sus creencias

Con frecuencia, la iglesia no es un lugar seguro para tener dudas, o por lo menos uno no se siente seguro. Y mientras un niño crece, llegará a un punto en el que tampoco está bien no saber sobre otras cosas, y por eso el hijo de pastor se pone una careta de confianza. Además de eso, existe la expectativa de que los hijos de pastores a menudo se sienten como un erudito bíblico extraordinario. Yo recuerdo claramente la presión que recibía para tener la respuesta correcta y para dar en el punto en cada pregunta de la escuela dominical.

Hay un ejemplo que está grabado en mi mente. Recuerdo que durante una clase de segundo grado estábamos con un juego de preguntas y respuestas, y el profesor lanzó la pregunta: "¿Qué profeta es conocido como el profeta llorón?" Yo puedo apostar que ni el maestro sabía cuál era la respuesta de no ser porque tenía la lista con las preguntas y las respuestas. En ese momento hubo un silencio total; nadie sabía la respuesta a esa pregunta. Así que después de unos minutos de que los chicos se movieran de un lado para otro, el maestro de escuela dominical puso sus ojos en mí y dijo: "¿Te gustaría intentarlo Barnabas?" Por supuesto que yo no quería, pero tenía una reputación que mantener y eso era un reto. Se había puesto una marca en la arena, y yo era tres veces más atrevido que el personaje de Flick en *Historia de Navidad*.[3] No tenía opción. Arañé en mi cerebro toda la información que tenía sobre los profetas, y de pronto grité: "¿Jeremías?" ¡*Sí!* Respuesta correcta. Y por supuesto, haber logrado encontrar la respuesta correcta a esa pregunta es una de las razones por la que recuerdo la historia tan claramente. La otra razón es que me nombraron de manera individual y pública. Sin embargo, me pregunto: ¿por qué me señalaron para que contestara? Creo que la respuesta descansa en el hecho que soy un hijo de pastor.

Ahora bien, existe una gran diferencia entre el conocimiento de los hechos bíblicos y tener certeza en la realidad bíblica. Las dudas y preguntas, inclusive sobre la existencia de Dios, asaltan a algunos hijos de pastores, siendo la existencia de Dios el fundamento de toda la fe. En otros casos, es más común que se encuentren con preguntas como: "¿Obedecer la Palabra de Dios en lugar de seguir mis emociones realmente me va a hacer una persona más feliz?" Las realidades bíblicas de la gracia, el perdón y la identidad en Cristo pueden parecer irreales e inalcanzables para los hijos de pastores, eso sin importar cuán empapados de la Biblia hayamos estado desde que somos muy niños. De hecho, el estar tan sumergidos en todos estos asuntos bíblicos a menudo hace que esas realidades se tornen en algo más difícil de creer, ya que parecen ser muy cotidianas a pesar de que son la base para todas las cosas buenas. No suponga que los hijos de pastores son personas seguras de sus creencias; a menudo no sabemos ni siquiera en qué creemos aunque podamos sostener abiertamente cada referencia bíblica sobre lo que deberíamos creer.

> "Creo que el desafío más grande de ser un hijo de pastor es desarrollar una relación personal con Dios/Jesús... Con esto quiero decir que puede ser muy fácil suponer que la fe de nuestros padres nos cobijará y que nosotros solo somos llevado por ellos."
>
> —Jon Stepan, hijo de pastor

El hijo de pastor es un líder

De tal padre, tal hijo, ¿cierto? Mi papá lidera la iglesia, yo lidero el grupo de jóvenes. Mi mamá lidera el grupo de mujeres, y yo lidero un grupo pequeño. Es muy fácil mirar a la prole del pastor y suponer que están listos para meterse en roles de liderazgo. Ahora bien, si el hijo de pastor es todo lo contrario a lo que yo soy, es posible que sienta que tiene ciertos derechos a esos roles, y adoptará la expectativa como una realidad. En esto, ambos estaríamos errados.

Es insensato asumir la posición de: "estoy listo para liderar" y me parece que es aún más insensato asumir la posición de: "yo me lo merezco."

El liderazgo debe ser una posición que se gane. Un hijo de pastor puede o no puede aprender a llevar a cabo las tareas que la posición requiere, pero el simple hecho de ser el hijo del pastor no lo califica lo suficiente para el puesto. Sin embargo, esto es muy propio de los estadounidenses, ya que a menudo suponemos que una persona tiene cualidades de líder solo por el apellido de la familia, porque se ve bien, o porque tiene una voz resonante. Suponemos calificaciones basados en asociaciones. Ser un hijo de pastor es solo una hueca cualidad que no significa nada para el liderazgo. Ser hijo de pastor es al liderazgo lo que un traje de poder de Armani es a un buen abogado. Eso tan solo engaña a la gente para pensar que somos lo suficientemente buenos y tenemos lo que se necesita.

Sin embargo, hay que mencionar la genética y la crianza. Si papá y mamá tienen cualidades de líder y han criado a sus hijos bien, entonces es muy probable que el hijo de pastor se encuentre listo para liderar. Aun así, deberíamos pasar por un riguroso escrutinio para saber si tenemos las actitudes correctas (algo que a menudo me falta), buenos valores morales y la reputación adecuada, al igual que como se hace con cualquier candidato potencial para el liderazgo. Solo el hecho de ser hijo de pastor no nos convierte en líderes.

Lo que es más, muchos hijos de pastores no quieren tener relación alguna con el liderazgo. Quizás porque son tímidos, quizás porque no son seguros, quizás porque están contentos con recibir y participar pero no quieren nada que ver con estar al frente. ¡Y eso está bien! El liderazgo no es para todo mundo. Presionar al hijo de pastor para que se sumerja dentro del liderazgo basados en una falsa apreciación, hiere tanto al líder que no estaba dispuesto o listo como a los supuestos seguidores.

Del conocimiento a las suposiciones y a las expectativas

Piense por un momento en su atleta, actor o autor favorito. Mientras da seguimiento a sus respectivas carreras, usted desarrolla un gran conocimiento sobre ellas, su trabajo y muchas veces sobre sus vidas privadas. Por eso, de manera inconsciente usted crea sus propias opiniones y suposiciones sobre ellos como personas, y mientras se forman estas suposiciones, se vuelven expectativas. Es una progresión natural. Cuando yo estaba en la escuela, Kirby Puckett del equipo de los Twins de Minnesota era mi atleta favorito. Yo tenía decenas de cartas de béisbol de él (de hecho, aún las tengo), memorizaba sus estadísticas, me encantaba verlo jugar béisbol y, en general, lo veneraba. Nunca pensé de manera consciente sobre Kirby como un hombre, sino más bien como un jugador de béisbol. Sin embargo, debido a que yo veneraba al hombre en uniforme que jugaba béisbol tan bien, de manera subconsciente supuse ciertas cosas sobre él como persona. Así que cuando me enteré de que Kirby fue acusado de agredir sexualmente a una mujer en un restaurante, me quedé atónito. Con el tiempo, se supo que Kirby no era la figura angelical que me había imaginado; resulta que tenía una larga lista de indiscreciones, y yo había proyectado mi opinión favorable de él como jugador de béisbol al hombre. Me había formado expectativas infundadas, y eso me dispuso para la decepción.

Aunque la mayoría de los hijos de pastores no son famosos y no pretenden serlo, el principio se aplica. El conocer tanto de ellos lleva a las suposiciones, como las que abordamos anteriormente, y estas suposiciones luego terminan en expectativas. En el próximo capítulo veremos estas expectativas que frecuentemente no tienen fundamento y son opresivas. Tienen mucho poder, y a menudo son fuerzas dañinas en las vidas de los hijos de pastores.

Capítulo 3

UNA MONTAÑA RUSA DE EXPECTATIVAS

"Algunas personas en la iglesia esperan que los hijos de pastores sean mini versiones de sus padres."

—Adam Engebretson, hijo de pastor

Yo tenía diecisiete años y manejaba el auto de mis padres, un Chevy Lumina azul del año 1991. Andaba con la radio del auto a todo lo que daba el volumen con la canción *Hybrid Theory* del grupo de rock Linkin Park. Las ventanillas del carro estaban completamente bajadas, el asiento reclinado, y atravesé el estacionamiento de la iglesia detrás de dos amigos que estaban haciendo lo mismo en sus autos, con música a todo volumen. Nosotros competíamos por el título del "punk más detestable que escucha música que luego considerará basura." Los muchachos siempre serán muchachos, ¿verdad?

Falso. Eso no era así para este muchacho. Tan pronto como me acerqué a la iglesia, me llevaron aparte y fui reprendido tanto por los músicos a quienes escuchaba como por el nivel del volumen. Es muy probable que aquellos amigos ni siquiera recuerden el incidente, ya que a ellos no se les reprendió. Ellos solo eran muchachos siendo muchachos, mientras que yo era el hijo de pastor actuando como un idiota.

El legalismo cristalizado

El legalismo crea falsas expectativas. Es una falsa norma de santidad que se basa en algunas normas que están fuera de la Biblia, producto de cierta apreciación del hombre sobre la moralidad. Y como en toda falsa expectativa, el resultado inevitable es la decepción. En el ejemplo que acabo de compartir, yo fui la víctima de una falsa expectativa, que el hijo de pastor no actuará de ese modo, y eso generó la decepción que llevó a la desazón.

Sin embargo, el problema no fue solo la particularidad de la expectativa sino la incoherencia, o mejor dicho la hipocresía de tener una regla de doble moral; en otras palabras, dos chicos hicieron algo y se fueron sin ningún tipo de regaño, pero el hijo del pastor hizo lo mismo y a él le llamaron la atención. La mujer que me reprendió no tenía problema alguno con la música, su problema era que yo la estaba escuchando; o quizás sintió que al yo ser un hijo de pastor, era de propiedad pública y que por eso podía corregirme como tuvo a bien hacerlo, mientras que mis amigos eran el problema de alguna otra persona.

El legalismo crea algo más que la incapacidad de alcanzar la norma moral, crea una incapacidad incluso para saber cuál es la norma, ya que alimenta la hipocresía. Señala los pecados de otros mientras ignora los propios, así como crea normas de santidad que solo se aplican a algunas personas. Si bien esta es una práctica desenfrenada que se da en toda la iglesia, se hace muy clara en la vida del hijo de pastor. Lo que es una sutil verdad para los fieles de todo el mundo, se revela en toda su cruel y cobarde gloria cuando se trata de los hijos de pastores: una doble moral que se selecciona fuera de la comprensión y expresión claras de la gracia. O quizás sea una moral de tres o cuatro caras. Lo cierto es que nunca he sido capaz de comprenderlo.

El legalismo y la hipocresía que la iglesia apenas puede mantener a raya se cristalizan en las experiencias del hijo de pastor. Mientras la mujer que me regañó por lo que escuchaba (¿o era por el volumen? ¿o quizás era por lo rápido que iba manejando? ¿o fue por el chillido de las llantas?) miró de reojo y en silencio a mis amigos, se sintió con la libertad de arremeter con todo lo que pudo contra mí. Este es un ejemplo sencillo de lo que vive un hijo de pastor ante las expectativas hipócritas. Otros ejemplos no son tan fáciles de pasar por alto, especialmente cuando suceden una y otra vez, día a día, de una persona y otra, por cualquier cantidad de razones. Esas falsas expectativas pueden aplastar el alma; y existen muchas.

> "Escuchaba constantemente: '¡Eres el hijo de un predicador! Los hijos de predicadores no deben decir esto, no deben hacer lo otro', y yo lo *detestaba*. No me molestaba tanto tener que mantener una norma de buen comportamiento, pero mi norma era muchísimo más alta que la de cualquier otro solamente porque mi papá era pastor."
>
> —Jeremy Lloyd, hijo de pastor

El ángel perfecto

Probablemente la falsa expectativa que es más fácil de identificar es la de conducta piadosa, o más bien el tipo de comportamiento que el cristianismo tradicional ha etiquetado como "piadoso." La historia con la que comenzó este capítulo es un ejemplo perfecto.

Me midieron con una regla distinta a la de mis compañeros. Y hay muchas historias como esa, pero pueden resumirse fácilmente en una sola frase: "¡No se puede hacer eso; eres el hijo de un pastor!" Ya sea porque se digan palabrotas en la cancha de baloncesto, se jueguen bromas a los maestros de escuela dominical, se pelee en el salón de los jóvenes, se escuche música demasiado fuerte, se vaya a ver películas para mayores (o cualquier película, para el caso), se grite a los hermanos, se vocifere a los padres, o cualquier número de otras acciones muy normales de la infancia, ese sentimiento preside en una gran cantidad de hijos de pastores.

Un amigo hijo de pastor que conozco me contó una historia que vivió al regresar a casa durante el receso universitario por las celebraciones de fin de año. Unos amigos le pidieron que se les uniera en un billar para unos juegos de bola ocho. Ya que no tenía edad legal para beber cerveza, sabiamente se abstuvo de la cerveza que sus amigos más grandes estaban disfrutando. Jugaron un rato, disfrutaron, y luego se fueron a casa. Dos días después, un miembro de la iglesia llamó a su padre para reportar que lo había visto en un bar y para expresar su preocupación por ese comportamiento. Afortunadamente, en este caso, sus padres estaban al tanto de la salida y no hubo ningún problema. El punto en esto es la expectativa de "no debiera estar en ese tipo de lugar," sin mencionar la visión de águila que implicó encontrarlo allí. La pregunta es: ¿hubiese llamado ese miembro de la iglesia de la misma manera si fuese el caso de cualquier otro chico universitario de la iglesia? Tal vez (en cuyo caso sería solo un policía de narcóticos), pero muy probablemente no. El miembro de la iglesia tenía una expectativa particular del hijo de pastor.

Hay una expectativa directa, contundente y frontal de que los hijos de pastores nos comportaremos "mejor" que nuestros iguales. La expectativa dicta que nosotros heredamos un mejor juicio, evitamos las tentaciones comunes a nuestra edad y género, no expresamos nuestros pensamientos y emociones más viles, y generalmente somos un reflejo positivo de nuestros padres y su posición. Lo cual es una completa tontería. (Especialmente cuando se considera que los hijos de pastores tienen una reputación de rebeldes y raros. Un momento, ¿se supone que debo ser un ángel o un demonio? Ahora estoy confundido).

Muy a menudo estas expectativas se apilan desde el exterior. Las personas en la iglesia reaccionan con sorpresa ante el comportamiento infantil normal. Sin embargo, para los pastores no es desconocido que ellos mismos deben mantener a sus hijos bajo un código moral más alto. Ese tipo de norma puede ser expresado de manera terrible, en algo así como: "Hijo, cuando te comportas de esa manera se refleja muy mal en mí como pastor." O en términos más bíblicos se expresa como una norma para "honrar a Dios" y "representar a Jesús" bien. De cualquier manera, los hijos de pastores tienen que hacerle frente a una norma de comportamiento que *sabemos* no es la misma para los demás.

> "Con frecuencia me tratan y me ven como un ejemplo moral para otros." —Jonathan Holmes, hijo de pastor

Este tipo de regla de múltiples caras genera que los hijos de pastores se enfoquen en las cosas equivocadas. Nos empezamos a preocupar por complacer a las personas, o nos empezamos a resentir con ellas. Se corre el riesgo de poner Dios bajo la misma luz donde ubicamos a la anciana cascarrabias que siempre se está quejando de nuestros pantalones flojos, pelo desgreñado y el estruendoso bajo eléctrico. En realidad no importa si esta regla de doble moral no es intencional y en verdad existe el deseo de criar hijos que honren a Dios con sus acciones. Los hijos de pastores frecuentemente reciben esta regla de todos lados, tanto así que aun el pastor y padre que procura manejar bien la cosas necesita darse cuenta de que lo que más se necesita es la gracia extrema de Dios y expresiones poderosas de amor, en lugar de enfatizar la importancia del comportamiento como una regla de oro. El comportamiento sí importa. La obediencia a Dios y a los padres importa, pero este tipo de gracia contrarresta la presión que los hijos de pastores sienten al ser definidos por sus acciones. Nosotros necesitamos una medida extra de gracia para vencer la carencia de gracia que encontramos en tantas áreas de nuestra vida.

Un erudito bíblico estrella

Además de tener que ser bien educados y chicos estrella, a los hijos de pastores no se les permite desconocer la Biblia. Incluso cuando evoco mis recuerdos más antiguos de escuela dominical, me doy cuenta de que siempre se esperó que yo fuera el chico con las respuestas bíblicas. Recuerdo estar jugando béisbol bíblico, un juego donde la clase de niños pequeños estaba dividida en dos equipos y se establecía una "alineación," en otras palabras, el orden en el cual responderíamos las preguntas del juego bíblico. El maestro empezaba a lanzar preguntas al equipo que estaba "al bate" primero. El "bateador" (el que respondía) escogía si deseaba una "bola" sencilla, doble, triple o un jonrón, y cada pregunta implicaba el incremento de la dificultad.

Por supuesto que suena como una forma poco convencional y divertida de grabar hechos bíblicos en mentes impresionables. Pero no era tan inocente como parece.

Yo sentía la presión de ser más que un "bateador." Yo tenía que ser un buen bateador, tenía que sacudir el lugar cada vez que estuviera al bate. Yo era el hijo del pastor, y los hijos de pastores no se conforman con bolas sencillas cuando hay jonrones que esperan ser destrozados. Y la cosa no se detenía ahí, ya que con cada jonrón o triple que anotaba, con cada respuesta correcta (y había muchas de esas, si se me permite decirlo), la expectativa de mis destrezas bíblicas se convirtió en una profecía que se cumplía por sí misma. En mi propia mente y en la mente de mis profesores y compañeros de clase yo era un experto bíblico floreciente. A los ocho años, el curso había sido establecido y la identidad determinada. El hijo de John Piper es el chico con las respuestas bíblicas.

Muchos hijos de pastores se enfrentan a esta expectativa. Un maestro o el líder de un grupo pequeño plantea una pregunta a un grupo de estudiantes, y después de un período de silencio incómodo los ojos se empiezan a dirigir hacia el hijo de pastor como si dijesen: "¿por qué no respondes esta?" Entonces el hijo de pastor se ve en una posición poco envidiable: debe cubrir la expectativa que llevará a mayores expectativas más adelante, o debe admitir que no desea contestar. O quizás, Dios no lo quiera, no sabe qué responder y con el tiempo, domingo tras domingo, después de un pequeño grupo tras otro, esta tensión puede construir una identidad confusa y aturdida.

Teólogo extraordinario

De alguna manera, la identidad que el hijo de pastor tiene como "experto bíblico" es algo inevitable. Se requiere de un esfuerzo muy intencional para *no* aprender hechos y referencias bíblicas cuando precisamente ese es el trabajo a tiempo completo de tus padres y la vida familiar. Nosotros absorbemos conocimiento bíblico de manera pasiva, ya sea que lo queramos o no, y por eso nos sigue de manera natural la más alta expectativa.

Cuando usted combina esta realidad siempre presente con el hecho de que somos la progenie de clérigos, se levanta un reto mayor: se espera que los hijos de pastores sean teólogos (algunas veces los padres lo esperan, muy a menudo la iglesia lo espera). Ahora bien, este título es muy diferente al de ser un "experto bíblico," o alguien que sabe los hechos de las Escrituras. El ser un teólogo implica tener una disciplina, una razón, una pasión. Las personas esperan que una de nuestras grandes pasiones sea la explicación y exploración sistematizada de quién es Dios. Y aunque el tener cuidado de las cosas de Dios y sus palabras es algo bueno para todos, la expectativa de ser un "teólogo" coloca sobre los hijos de pastores mucho más que eso.

Los pastores tienen un llamado, y por eso para ellos la teología es la razón de su trabajo. Los eruditos bíblicos se han dedicado al estudio del texto y sus matices. Si sus motivaciones son buenas, llevan a cabo esto con gran emoción, curiosidad, y un deseo de entender y explicar verdades más profundas. Los pastores y los estudiosos están dotados de una manera única para ese trabajo.

De la misma forma en que los contadores tienen habilidades e interés en los números y los atletas tienen destrezas e interés por los deportes, así también los pastores y los estudiosos tienen habilidades e interés por la teología, pero eso no significa que sus hijos las tengan. A pesar de la obvia realidad de que los hijos de pastores no están todos ellos, ni siquiera la mayoría, remotamente interesados en ser teólogos, las expectativas de que debiéramos ser esos teólogos aún persisten. Cuando somos jóvenes, la expectativa tiene el aspecto del experto bíblico: cuando hay preguntas de un tema difícil sobre Dios, nuestros pares nos miran para que demos el primer paso, así como también nos llaman a responder. A medida que crecemos, los feligreses muestran que quieren discutir los puntos más sutiles del sermón o los últimos blogs o libros polémicos.

A muchos hijos de pastores simplemente no les interesan mucho por los puntos más finos de la teología, y de esta manera no son muy diferentes a la mayoría de los cristianos; sin embargo, no se nos permite ser cristianos normales. La expectativa para nosotros es que seamos cristianos excepcionales.

Manténgase en su carril

Muchos hijos de pastores viven y sienten una presión aún mayor gracias a los ingredientes que estas tres expectativas, el ángel perfecto, la superestrella bíblica y el teólogo extraordinario, generan. Cada una de estas expectativas es una cara del legalismo que es muy fácil de discernir por separado. Sin embargo, al mezclar todos los ingredientes se crea una presión mucho mayor, y es muy difícil dar en el clavo e identificar las cosas con claridad. Es una presión a *creer*, a estar en el carril teológico, denominacional, o de estilo de vida correcto.

Mi padre es un conductor con límite de velocidad del carril derecho. Yo no lo soy. Cada vez que tengo que seguirlo a cualquier lugar, se irrita; ni siquiera sé cómo conducir a cincuenta y cinco en el carril de la derecha y, cuando lo hago, siento que voy en reversa. Sin embargo, si sé para dónde voy no hay mayor problema para que me pase al carril izquierdo, le digo adiós a mi padre y me adelanto a nuestro destino, donde finalmente me encontraré con él. Viajo a mi propia velocidad y llego al lugar en mi tiempo. Pero así no funciona para los hijos de pastores en el resto de la vida . Los hijos de pastores son criados de tal manera que saben exactamente lo que han de creer. Conocemos la teología de nuestros padres, el marco moral de nuestra familia e iglesia, y las expresiones del cristianismo que son "correctas." Se espera que nosotros sigamos de buena manera en el convoy de nuestra familia e iglesia, que mantengamos el límite de velocidad, y que bajo ninguna circunstancia cambiemos de carril y nos adelantemos.

El carril teológico

Yo fui criado en un contexto bautista, calvinista[4], de complementarismo.[5] La Biblia era la mayor autoridad y absoluta verdad. Mi padre era un estudioso de la misma, y obtuvo una maestría en el Seminario Teológico Fuller, así como un doctorado en teología de la Universidad de Munich. Mi padre ha escrito docenas de libros, y hasta el día que se retiró de pastorear, pasaba muchas horas a la semana estudiando, leyendo y preparando sermones. Una comprensión clara y atrevida de la teología era el filtro por el cual se tomaban todas las decisiones.

Esto se mantuvo como una verdad en nuestra iglesia también. La iglesia era un lugar teológicamente riguroso donde había un énfasis en la enseñanza de la Biblia y una continuidad teológica. Para otros hijos de pastores, la historia es diferente. Quizás fueron criados como dispensacionalistas fundamentalistas, pentecostales o en el evangelio social. Quizás están solo en el contexto de la versión Reina-Valera de la Biblia o en un ambiente en la iglesia más atrayente que hace hincapié en las necesidades sentidas y en dar la bienvenida a las visitas. Sin embargo, cualquiera que sea el contexto, se tiene por entendido que nosotros vamos a permanecer en ese carril, que vamos a creer en las mismas cosas y expresar nuestras convicciones de la misma manera.

El carril denominacional

Es cierto que esta expectativa es mucho más significativa para algunos hijos de pastores que para otros. Pero cuando se convierte en una expectativa, es una *muy* grande. La denominación es sinónimo de identidad para muchos, es un lugar seguro. Un chico bautista ni siquiera considera volverse metodista o luterano; un luterano no considera el Presbiterianismo o la Iglesia Libre Evangélica. Ahí es donde están todos los locos.

Para mí, crecer en una denominación no fue algo significativo, excepto que *conocí* a todos los pedobautistas[6] que eran una combinación de locura y maldad. Cuando íbamos a la iglesia luterana vecina para los servicios de las festividades unidas, se sentía como entrar a una nave espacial donde las personas vestían túnicas y olían raro. La denominación no era una identidad en sí misma, pero sí era una tradición y yo estaba atado a ella. Aun así, para muchos hijos de pastores la identidad es mucho más que eso, y el abandonarla sería traicionar una verdad o pasar al lado oscuro.

El carril del estilo de vida

Así como cada iglesia tiene sus distinciones teológicas, también tiene una cultura de estilo de vida, y un marco moral propio. Quizás esta cultura y marco estén basados en una interpretación bíblica, o tal vez (que es lo más común) están basados en la tradición. No me refiero a los mandamientos explícitos (no robarás, no cometerás adulterio o fornicarás, no seas un alcohólico, etc.), sino a los límites que nuestras iglesias tienen para todo lo demás.

No bebemos, no mascamos tabaco y no salimos con chicas que lo hacen. El alcohol es del diablo; la televisión corrompe tu cerebro; tener citas es malo, así que solo se debe cortejar, o mejor aún, tener un matrimonio arreglado. El fumar no solo te mata, sino que te manda al infierno; los tatuajes son malos; el ritmo sincopado es una puerta para que el diablo entre en tu cuerpo y te haga moverte de maneras sensuales. Si Jesús regresa mientras estás viendo una película que no es para menores, Él te dejará atrás. ¿Recuerda a George Carlin y su monólogo sobre las siete palabras que no se pueden decir en televisión? Bueno, aquí tampoco las puede decir, así como no puede decir algo que sugiera esas palabras o que signifique algo relacionado con ellas. Todo lo que se coma antes de orar se pudrirá en su estómago. Un centavo ahorrado es un centavo ganado, y uno de cada diez centavos es mejor que vaya a la iglesia, o de lo contrario ya verá. Las puertas de la iglesia están abiertas, por lo que es mejor que esté allí; y así sucesivamente.

Por supuesto que estos son los extremos, y muchas iglesias no son así, pero aún existe una expectativa sobre el estilo de vida que se debe tener. Todos nosotros sabemos cómo es o era en nuestra iglesia, sabemos que hay un "fuera del límite." Existe una comprensión de cómo es que la iglesia mira y se relaciona con la cultura: los enemigos, los vecinos molestos, lo desconocido que es extraño, las terribles amenazas, el objeto de compasión, así como el objeto de amor y afecto. El salir de los límites está fuera de discusión, y hacerlo es fallar; eso significa fallar a nuestras familias, a nuestras iglesias, a nuestro Dios.

Presión

Cambiar de carriles no solo es considerado romper con la tradición, es traición. En el caso de muchos hijos de pastores, ir en una dirección diferente a como fuimos criados implica herir a nuestros padres. Los pastores *se apropian* de sus creencias; su teología y ministerio público constituyen una identidad. Así que cuando sus hijos se niegan a seguir, el asunto se vuelve personal, no es algo meramente ideológico. Se agrieta la relación, ya que no es sólo una diferencia de opinión. Esto es lo que ha sucedido en mi propia familia. Mi papá no predica ideas, para él son la realidad. Por eso, tratar de separarlo a él de su ministerio y teología es algo imposible. A medida que mis hermanos y yo hemos ido en direcciones diferentes en momentos diferentes, la familia se ha encontrado con la tensión. Mi papá ve una forma de conectarse y relacionarse con Dios, pero mis hermanos y yo hemos visto otras formas y hemos ido en busca de ellas. Solucionar esas tensiones puede ser doloroso.

Sin embargo, necesito señalar que mi analogía trata sobre cambiar de carriles, no de tomar rutas diferentes con dirección a distintos lugares. Muchos hijos de pastores deciden tomar direcciones completamente diferentes a las de nuestros padres. Quizás es una forma de rechazo a Dios o una elección de vida que es completamente antibíblica. Yo no me refiero a eso aquí. Estoy hablando del hijo de pastor que está yendo al mismo lugar que se dirigen sus padres, el hijo de pastor que desea seguir a Dios pero que no desea seguir el auto de sus padres que va despacio en el carril derecho. Este hijo de pastor quiere ir en su propio camino pero encontrarse con sus padres en el mismo lugar, ese lugar donde se honra a Dios. El problema es que muchos pastores ven ese cambio de carril como una desviación hacia un lugar sin sentido. Esto genera reacciones automáticas y se ve como una afrenta personal, incluso como un asalto al ministerio. Dentro de la iglesia sucede lo mismo en un grado diferente. Se espera que de tal palo tal astilla; por lo tanto, el hijo de pastor que va en diferente dirección atrae todo el fuego. "¿Qué va a pensar su papá?" se vuelve un estribillo. Todos en la iglesia conocen las normas del pastor; son proclamadas semanalmente desde el púlpito, así que todos quieren mantener al hijo de pastor sujeto a esas normas.

En mi caso y en el caso de otros hijos de pastores cuyos padres tienen un perfil muy conocido, esta situación trasciende a la iglesia misma. Mi papá da conferencias a nivel nacional e internacional, se han vendido millones de ejemplares de sus libros, y han influenciado a muchos. Su teología y sus puntos de vista son muy conocidos y han sido adoptados por miles de personas.

Entonces ¿qué sucede cuando hago una entrada en un blog o escribo un artículo que difiere de lo que él piensa? ¿Qué sucede cuando subo algo a Twitter sobre algún tema con el cuál mi papá tiene un problema? Pues bien, yo recibo la misma pregunta desde todas las esquinas: "¿qué pensaría su papá sobre esto?" La presión para que yo me mantenga en mi carril viene desde Facebook, Twitter, comentarios en el blog e inclusive en el correo electrónico.

¿Qué deben hacer los hijos de pastores? ¿Cómo podemos responder? La realidad es, y creo que hablo por muchos hijos de pastores, que no me importa lo que mi padre piensa sobre muchas cosas. Yo no soy la astilla que salió del palo. Mi padre me ha influenciado y enseñado, y ahora yo estoy tomando mi propio carril y voy a mi propia velocidad. Eso es lo que los hijos de pastores deberían ser capaces de hacer. Debemos elegir hacerlo, y la iglesia debe permitir que lo hagamos.

Mi propio carril, pero no mi propio camino

Anteriormente mencioné que no me estoy refiriendo al hijo de pastor que desea rechazar todas las cosas de Dios como respuesta a las falsas expectativas. Estoy hablando del hijo de pastor que desea seguir a Dios de una forma que encaje con él y no de la manera en que se adapta a sus padres o a la tradición de la iglesia. Estoy hablando del hijo de pastor que siente de diferente manera sobre ciertos aspectos del cristianismo de sus padres y expresa su fe de una forma distinta. No hablo de una fe diferente o un Dios diferente, hablo de una expresión, una pasión, una persona distinta; nosotros no somos nuestros padres. Las expectativas que se colocan sobre los hijos de pastores hacen que esta libertad de exploración y expresión sea extremadamente difícil. Sentimos culpa por hacer las cosas de manera distinta, aun cuando estamos haciendo cosas buenas. Sentimos culpa por tener nuevas ideas, aun cuando sean buenas ideas. No hay espacio para desafiar la tradición, aun cuando la tradición este mal; además, no hay ningún espacio en absoluto para la duda.

El hijo de pastor siempre debe representar a Jesús, a su familia y a la iglesia. Realmente no importa si conoce en verdad quién es Jesús, y no hay tiempo o espacio para averiguar eso; Jesús es quien se nos dijo que es, y no importa si estamos de acuerdo con nuestra familia o no. Papá es el pastor, así que sobrepóngase y sea un buen chico o una buena chica. Como miembro de la familia más distinguida de la iglesia, te toca llevar el estandarte dondequiera que vayas, así que no lo dejes caer.

Confusión

Las expectativas son un lío desconcertante para los hijos de pastores, demasiado para muchos y hace difícil poder navegar bien. Hay poco espacio para el aprendizaje y para entender las cosas. Incluso aquellos que vienen de recorrer un camino donde mantienen sanas sus mentes y almas tienen historias que contar, y por otro lado hay muchos cuyo caminar no ha sido feliz y saludable. La presión constante para *ser* algo, *hacer* algo y *creer* algo genera una enorme confusión en los hijos de pastores; y una de las principales confusiones se trata de saber quién somos: una crisis de identidad.

Capítulo 4

CRISIS DE IDENTIDAD

"¿Quién soy yo?" es una pregunta que para cualquiera es difícil de responder. Muy a menudo cambia a una pregunta sobre nuestras circunstancias, y en los Estados Unidos la más común es: "¿A qué te dedicas?" Nuestros trabajos y aficiones se vuelven nuestras identidades. Soy escritor, soy banquero, soy ciclista o soy un atleta. Quizás estas son las cosas que algunas personas en realidad ven como la esencia de quiénes son ellos, el aspecto que los define como personas. Sin embargo, creo que la mayoría de las personas, aún si se etiquetan a sí mismas de esa manera, saben que hay más de ellas que solo eso. Saben que sus empleos, aficiones y familias no los definen o les dan una identidad; sería maravilloso si solo pudieran saber qué puede definirlos.

Piense por un momento en las expectativas sobre los hijos de pastores que examinamos anteriormente, y ahora considere el efecto que esas expectativas tienen en nuestra habilidad para determinar nuestra identidad. Desde que somos muy pequeños se nos ha dicho, de manera implícita y explícita, qué es lo que debemos ser y como debemos serlo. Se nos ha dicho en qué debemos creer y cómo debemos creerlo. No hay espacio para expresiones personales o la exploración, ya que *sabemos* cuál es la manera correcta de hacer las cosas. Muy a menudo se coloca a los hijos de pastores en una caja que tiene una linda etiqueta por fuera, pero que tiene poco espacio para respirar por dentro. Esa es nuestra identidad según aquellos que nos rodean. Es un poco sofocante.

> "Era como si me sacaran y me colocaran en una categoría aparte."
>
> —Angela Jackson, hija de pastor

Para poder manejar las expectativas y navegar por ellas de la mejor manera, es esencial conocer la identidad de uno. Las expectativas generan presión, y solamente una identidad fuerte es capaz de soportar esa presión. En una situación saludable hay un incremento gradual de expectativas a medida que el niño crece y, con el tiempo, ese niño es capaz de aprender quién es él o ella, quién es Dios, y como mantenerse firme ante la presión externa. Sin embargo, para los hijos de pastores las expectativas y la presión generan la identidad; pocos de nosotros tenemos un refugio donde crecer, aprender y volvernos fuertes. El hogar de un pastor espiritual debería ser un sitio de cobijo para que los hijos encuentren la verdad, pero a menudo es un lugar que contiene tanta o más presión que otros lados.

En respuesta a esa caja, esta presión externa a *ser* algo, los hijos de pastores luchan. Algunas veces tomamos una decisión voluntaria de luchar en contra: sin embargo, a menudo respondemos de manera instintiva haciendo lo contrario, reaccionamos de manera automática. Ya sea que resistamos de manera consciente o simplemente reaccionemos, una cosa es cierta: estas luchas pueden ser perversamente peligrosas para el alma de un hijo de pastor porque conducen a una identidad falsa. La identidad del hijo de pastor se termina por definir al tratar de ser personas que no somos o al tratar de no ser esa persona que se nos demanda ser. En cualquier caso, nuestra identidad no tiene un objetivo saludable ni una meta productiva. Estamos apuntando y alejándonos de algo, lo que nos deja sin objetivo claro y definido.

Los trucos del oficio

En cualquier función o trabajo se necesitan ciertas destrezas para alcanzar el éxito. Estas destrezas no se enseñan, sino que se aprenden. Frecuentemente no son parte de las "reglas" o ni siquiera son las técnicas adecuadas; tan solo son esas grietas en la lista de destrezas y en la descripción de puesto, esos pequeños espacios en blanco que una persona aprende a llenar para maximizar su efectividad. Son los trucos del oficio. Así como los vendedores aprenden a aumentar las ventas con encanto e historias, y un buen jugador de baloncesto sabe cometer faltas sin ser descubierto, así también los hijos de pastores aprenden trucos de su "oficio." Estos son los métodos y habilidades sutiles, a menudo instintivos, e incluso accidentales que les permiten a los hijos de pastores sobrevivir y mostrar la persona deseada, "ser" cualquier cosa que se espere o sea necesario.

La cebolla

"Los ogros son como cebollas." Esta breve línea de Shrek, el monstruo animado famosamente caracterizado por la voz de Mike Myers, también resume a la perfección a los hijos de pastores. Shrek continúa explicando y dice "¡Capas! Las cebollas tienen capas; los ogros tienen capas." Mi punto no es dibujar una comparación entre los hijos de pastores y los ogros, con todo lo que podría encajar en algunos casos. Aun así, el punto es que lo que usted ve no es necesariamente lo que los hijos de pastores son. Lo que se encuentra en el exterior no es todo lo que hay.

Pocas personas pueden ser hipócritas con la habilidad con que lo manejan los hijos de pastores. El hijo de pastor por fuera es devoto, educado e involucrado. Por dentro está frío, enojado y desarraigado, o simplemente está confundido. De cualquier manera, el hijo de pastor no es lo que muestra exteriormente; quizás él no sabe qué es, pero sabe lo que se supone que debe ser, así que eso es lo que muestra y usted ve.

> "Yo simplemente era el chico que estaba haciendo básicamente la menor cantidad de mal visible y conocía a la mayoría de las respuestas en la clase de escuela dominical, mientras al mismo tiempo crecía en mi corazón una sensación de falsa humildad."
>
> —Ryan Davidson, hijo de pastor

Todavía para hacer las cosas más difíciles, no hay nadie mejor que un hijo de pastor para dar todas las respuestas correctas. Incluso sabemos las respuestas a las preguntas sobre nuestras respuestas. En el caso de la mayoría de los niños basta con que usted indague un poco y haga unas cuantas preguntas perspicaces y, bingo, descubrirá la incoherencia o la hipocresía. Sin embargo, eso no pasa con los hijos de pastores. Los hijos de pastores saben las respuestas correctas, saben cuáles son las preguntas que vienen, saben las respuestas a esas preguntas, y así lo deja a usted sin una idea verdadera sobre qué es lo que realmente creen. Y como si eso no fuera lo peor, todas esas respuestas correctas dejan al hijo de pastor sin saber cuál es la diferencia entre lo que sabe que debería decir y lo que cree.

Por quince años yo fui así. Era extrovertido y seguro, el honorable hijo de un predicador famoso. Yo era muy versado en la Biblia, capaz de ganar la mayoría de los argumentos de mis iguales y muy seguro de mí mismo. Yo podía ser mesurado, carismático, serio o alegre, según la situación lo exigiera. Pero lo que estaba en el exterior no era lo que había en el interior. En el interior estaba confundido, no tenía sentido en la vida. Después de la universidad conseguí un trabajo y me fue bien, pero tenía poca pasión por ello a pesar de que la empresa tenía un excelente ministerio, servía bien a la iglesia, y tenía líderes con carácter e integridad. Por dentro estaba confuso, y gran parte de eso era porque estaba atado a ciertos pecados. Estaba viviendo una mentira y nadie, quiero decir *nadie*, lo sabía. Sólo Dios y yo lo sabíamos, e inclusive traté de esconderme de Él. La situación me estaba matando, y poco a poco mi alma se marchitaba.

Pasé todos esos años sabiendo todas las respuestas correctas sobre todas las cosas, convenciendo a todos de que yo era bueno, pero en ningún punto sabía lo que realmente yo *creía*. Conocía respuestas, pero no realidad. Sabía una verdad a nivel cognitivo, pero no era una verdad que practicara. Yo era un desastre interno. Sabía lo que está bien y lo que está mal, sabía sobre Jesús y su obra de salvación, sabía sobre mi necesidad de un salvador y de la gracia, pero no creía en esas cosas. No conocía esas cosas como conozco a mi esposa y a mis hijos: de una manera real, una vivencia, algo que había comprobado. Por lo tanto, después de veinte años como cristiano el pecado tomó el control de mi corazón y luego de mi vida. Casi me costó mi matrimonio, y me costó el trabajo. Estaba destrozado, y todo porque yo sabía las respuestas sobre todo pero nunca conocí verdaderamente lo que creía. Todo porque yo le mostraba al mundo lo que era "correcto" pero dentro de mí estaba todo mal.

Tan solo la gracia es la que me ha restaurado. Fue el terrible poder de la gracia de Dios el que peló capa por capa de hipocresía, peló mi ser de cebolla hasta llegar a exponer mi corazón ante las respuestas que sabía pero que necesitaba *creer* realmente. No era la primera vez que había caído, y tampoco era la primera vez que Dios había expuesto mi pecado y mostrado su gracia, pero en las otras ocasiones yo seguí adelante sin haber aprendido la lección. Así que Él me peló capa por capa para salvarme.

Más que nada, deseo que mi quebranto sirva para liberar a otros. Si usted es un hijo de pastor, quiero decirle que sus respuestas no significan nada; no son nada a menos que estén basadas en algo que usted cree, algo en lo cual usted sustenta toda su vida y esperanza. Si usted es pastor, necesita saber que sus hijos son seres llenos de capas de confusión. Pida a Dios que ellos no sean como yo y que puedan ver lo que es *real* y que se agarren a ello rápidamente. Si usted es miembro de una iglesia o un amigo de la familia del pastor, solo ore. Este es un nudo que no puede ser desatado fácilmente, se necesita el milagroso poder de Dios para que se desenrede.

El político

Los políticos tienen la notable habilidad de dar respuesta a preguntas sin responder realmente; pueden escabullirse de espacios estrechos con solo un poco de retórica y una buena dosis de encanto. Después de hablar con un político talentoso, uno queda con una impresión positiva y poca sustancia. Al hablar con algunos hijos de pastores sucede lo mismo.

> "El camino con menos oposición era el de seguir las reglas. Sin embargo, yo era legalista, farisaico e hipócrita. De alguna manera pensaba que era mejor y 'más espiritual' que otros chicos en la escuela y la iglesia a quienes no le interesaba mucho el hacer lo correcto."
>
> —Matthew Weathers, hijo de pastor

Uno de los más grandes mecanismos de defensa que un hijo de pastor puede desarrollar es la habilidad de sonar bien sin arriesgar o revelar nada de sustancia. Cuando digo "más grande" no me refiero a que sea algo encomiable, solo digo que funciona de manera excepcional.

Un hijo de pastor tiene que navegar por una vida llena de preguntas y de escrutinio de la misma forma en que lo hace un político, entonces ¿qué es lo que hacemos? Aprendemos a responder a las preguntas y desviar el sondeo sin exponernos; pero lo que hace de esto algo tan notable es que no es, obviamente, a la defensiva. No es algo rudo o grosero. Dejamos que los interrogadores se sientan involucrados y respetados, como si les diéramos exactamente lo que querían. Algunos hijos de pastores logran esto a través del humor o con réplicas ingeniosas (me gusta pensar que calzo en esta categoría. Si no es así, no me lo diga, ya que disfruto de mis delirios de ser gracioso). Hacer reír a la gente o que la cabeza les dé vueltas con un juego de palabras es un desvío perfecto sobre el tema que nos ocupa. Bromear es un don, pero también puede ser un mecanismo de defensa. Da la impresión de simpatía sin dejar nada de sustancia.

También funciona bien ser la persona que hace las preguntas. Alguien se acerca a una hija de pastor y le hace una pregunta personal, y la hija de pastor le da vuelta al asunto de manera respetuosa. Le preguntan: "¿cómo han estado sus devocionales?" y la hija de pastor responde "Bien pero, ¿cómo están *los de usted*?" No se revela nada. El interrogador se involucra bondadosamente, se siente respetado y cómo si la hija del pastor realmente estuviese interesada. Dicho y hecho.

No es nada difícil ver cuáles son los problemas que esto genera. Las relaciones se construyen sobre la autenticidad y la confianza, los cuales son dos ingredientes que no están en el hijo de pastor-político. Ahora bien, lo que es aún más importante es que las relaciones sanas son esenciales para determinar y desarrollar la identidad. Para un hijo de pastor cuya identidad es un embrollo de preguntas, el mantener a las personas a una distancia simplemente agrava el problema. Nadie sabe realmente lo que pasa en nuestros corazones y nuestras vidas, y nosotros tampoco lo sabemos. Tenemos un rostro público agradable y un lío turbulento adentro. Pero ¿quién va a saberlo si nosotros no lo permitimos?

El camaleón

El camaleón es una criatura conocida por su habilidad para mezclarse con su entorno al cambiar el color de su piel. Dios le ha dado a esta lagartija una habilidad única para protegerse así misma escondiéndose casi en cualquier parte. Mezclarse, encajar, la capacidad de hacer transiciones continuas de un contexto a otro, son todas ellas características que muchos hijos de pastores desarrollan para sobrevivir ante las amenazantes demandas de la vida.

A diferencia del político, quien tiene una personalidad que atrae la atención, el camaleón de desliza de contexto en contexto sin fanfarria alguna.

Es el hijo de pastor que siempre está presente pero no busca ser notable; sabe mantener el equilibrio entre la interacción y la separación de tal manera que siempre puede mezclarse con el entorno. Si la situación es bulliciosa, lanza una broma o dos para encajar y reír con los demás, pero con una voz menos alta, ya que nunca va a forzar el ser el centro de atención. En tiempos de oración solemne dirá "amén" y "hum-humm" con todos los demás y hará oraciones breves, pero incluso esas oraciones serán inofensivas y apreciadas pero no recordadas.

El camaleón sabe cómo tratar a los ancianos con respeto y también cómo hacer reír a los bebés. Puede conversar con cualquiera, dar la bienvenida a los recién llegados y cantar en el servicio de adoración. No hay alguna conducta de iglesia que no domine, y nadie es más sabio. Se mezcla perfectamente y es exactamente lo que los demás desean. La misión, no pronunciada y aún desconocida por el camaleón mismo, es ser lo que la situación requiera. Puede liderar un poco, seguir mucho y siempre encajar. Pero ¿qué es realmente ese camaleón? ¿Tiene él alguna idea? El único objetivo de su vida consciente ha sido ser lo que la situación exija. ¿Cuáles son sus dones exclusivos? ¿Qué le gusta y qué no le gusta? ¿Qué es lo que el camaleón cree? Se sabe que es un actor y que tiene grandes dotes para adaptarse, esto en caso de que lo hayan notado.

Peor aún, es muy probable que el camaleón ni siquiera conozca las respuestas a las preguntas anteriores. Tiene sospechas y sentimientos, reacciona ante situaciones, personas y enseñanzas, pero lo único que sabe hacer es atravesar las situaciones sin problemas, sabe ser parte de un todo, sabe cómo encajar. Ese camaleón no es más que una reacción andante a pesar de que su corazón anhela más y sabe que eso que anhela está en alguna parte. Desea ser único, atrevido o quizás tranquilo y sin pretensiones; desea luchar a través de preguntas difíciles en lugar de solo dar respuestas "correctas." El camaleón desea averiguar cuáles son sus propias creencias en lugar de reflejar las creencias de otros.

El camaleón nunca ha tenido la oportunidad de sentarse con la realidad de Jesús y aprender qué significa ser su discípulo. Es un discípulo de circunstancias, y quizás ni siquiera desee acercarse mucho a Jesús porque sus seguidores tienden a destacar. Así que Jesús es parte de su vida pero no es el centro de ella. Jesús es un condimento, un tema de conversación, pero no es su identidad. Este se identifica solo con lo que sucede a su alrededor y con lo bien que se pueda mezclar.

El rebelde sin causa

Con la misma intensidad que el político y el camaleón tratan de no generar problemas, de encajar y de complacer a otros, el rebelde trata de desafiar todo eso. Él ve a otros hijos de pastores, quizás aún a sus propios hermanos y hermanas, y se burla de los esfuerzos que ellos hacen por ser buenos. Él no quiere ser parte de eso, para él todo es una tontería. No siempre está claro cuál es la motivación del rebelde, excepto que sabe lo que él no es. Él no es el chico bueno, el político o el camaleón; más que nada, él no es lo que todos quieren, se niega rotundamente a serlo, nunca.

Es difícil definir al rebelde salvo decir que lleva la contraria. El rebelde refuta lo que sus padres enseñan, se opone a las expectativas de la iglesia y escupe sobre el estilo de vida que se asocia con un buen hijo de pastor. En la superficie pareciera que su objetivo es hacer la vida de sus padres miserable, y lo logra con balas. Hace que la Mami llore y que Papi humee del enojo. Sacude a los ancianos y a los diáconos y deja conmocionadas a las mujeres mayores de la iglesia, no cooperará con el pastor de jóvenes ni escuchará al pastor de la universidad. Él simplemente está en contra de todo lo que sus padres quieren.

La gran pregunta que se le hace al hijo de pastor rebelde es: "¿Por qué?" ¿Por qué actúa así? ¿Por qué les complica la vida a los demás? ¿Por qué rechaza las enseñanzas de sus padres y hace alarde de su rebelión tan descaradamente? ¿Qué es lo que quiere?

La diferencia esencial entre el rebelde y el político o el camaleón es que el rebelde reconoció la hipocresía y reúsa ser parte de ella. Él no será algo en lo que no cree; no representará un papel solo para hacer a otros felices. El rebelde ve la incoherencia, lo falso y lo vacío del asunto y no quiere tener nada que ver con eso. ¿Por qué debería ser lo que se le pide si él no cree en eso? Olvídese de la iglesia y de sus estúpidas expectativas.

Lo que el rebelde no entiende es que después de todo no es tan diferente al político o al camaleón. Solo porque haya decidido *no* ser algo no significa que esté más cerca de saber qué o quién es él. El rebelde es impulsado por las expectativas tanto como son impulsados sus compañeros hijos de pastores no rebeldes, él sencillamente decide tomar el camino opuesto. Cuando los no rebeldes van hacia la izquierda para complacer a otros, él se dirige a la derecha y reúsa hacer lo mismo. No importa hacia dónde lleve el camino de la derecha, él va a tomar esa dirección. Todos sus pasos y giros están determinados solo por no ser ese algo, no porque vaya en busca de una meta definitiva. Él terminará quién sabe dónde porque simplemente ha tratado de evitar ser algo. El rebelde carece de identidad, tanto como los santurrones de sus homólogos hijos de pastores.

¿Quién es este Jesús?

Los hijos de pastores se enfrentan a una pregunta sobre identidad más importante que "¿quién soy yo?" Es: "¿quién es Jesús?" Él es la clave para descifrar este desastre. A primera vista pareciera que responder esta pregunta es sencillo; después de todo, los hijos de pastores saben más sobre Jesús que la mayoría; sin embargo, exactamente es eso: *sabemos* todo sobre Jesús, pero eso no significa que nosotros realmente lo conozcamos a Él. Sabemos las respuestas a todas las preguntas, sabemos todas las parábolas, todas las bienaventuranzas y una lista de los milagros que hizo también. Nos sabemos Lucas 2 de memoria y los nombres de los hombres que llevaron la cruz de Jesús y lo llevaron a la tumba (Simón de Cirene, y José de Arimatea respectivamente, esa es una respuesta sólida de dos puntos en el béisbol bíblico). Jesús está siempre presente en el período de crianza de un hijo de pastor.

Esta permanencia pareciera que sería una ventaja; después de todo, ¿qué puede ser mejor para un alma que estar inundada de enseñanzas bíblicas y palabras de Jesús todo el tiempo? Con ese tipo de crianza, los hijos de pastores debieran ser súper cristianos, entonces ¿por qué toda esta cosa de crisis de identidad y rebelión?

> "Encontrar a Dios fue el desafío más grande. Al ser criado en una atmósfera donde Dios era un ministerio, una vocación y una afición, hace que sea difícil asombrarse con el evangelio. Ser criado en un lugar donde la vida siempre gira alrededor de mostrar a Dios a un grupo hace que sea difícil poder ver a Dios de manera individual."
>
> —Jeremy Noel, hijo de pastor

Estar todo el tiempo rodeado de enseñanzas, literatura y eventos relacionados con Jesús hace que Jesús sea algo memorístico en las mentes y los corazones de los hijos de pastores. Lo memorístico es rutinario y tedioso, y cuando Jesús se vuelve rutinario y tedioso deja de ser el que cambia vidas y el que da vida. En el caso de muchos hijos de pastores, Jesús no hizo ni lo uno ni lo otro. Según ellos, Él solo fue el personaje de una historia contada demasiadas veces. En lugar de ser Salvador y Señor, Jesús se torna un sinnúmero de otras cosas, la mayoría de las cuales tienen que ver con el carácter de aquellos que representan a Jesús en la iglesia.

Jesús es el jefe de papi, Jesús es el trabajo, Jesús es aburrido, todo lo que rodea a Jesús es seriedad y no hay nada divertido, Jesús es sentencioso, Jesús es un fanfarrón religioso, Jesús es legalista, Jesús es un pelele de voz suave, Jesús se preocupa por la gente pobre y desprecia a los ricos, Jesús se preocupa por la gente rica e ignora a los pobres, Jesús es un maestro de la línea dura y no hay espacio para preguntas o dudas, Jesús es blanco, y así sucesivamente. Cada una de estas descripciones es un reflejo de la cultura de una iglesia o una caricatura de un solo aspecto de quién es Jesús. Pero ninguna de ellas *es* Jesús, y si unimos todos estos aspectos obtenemos algo parecido a un monstruo psicótico, no un Dios hecho hombre que es el Salvador.

Conocer al verdadero Jesús es la única manera en que el hijo de pastor puede ordenar sus propios problemas de identidad. Si el hijo de pastor no conoce la humanidad de Jesús, esa humanidad que es verdadera, compasiva, luchadora y que fue tentada, no puede relacionarse con Él. Si no conoce la gracia infinita derramada en la sangre de Jesús en la cruz, el hijo de pastor no tiene esperanza para nada. En su lugar, tiene miedo, dudas y luchas reprimidas. Los hijos de pastores necesitan saber que Jesús tiene espacio para preguntas, que perdona el pecado, que ama a las personas que no lo conocen o que no lo aman; tienen que saber que Jesús no les deja o abandona, y que no les aplasta por venganza o despecho. Necesitamos saber que aunque Él ama profundamente, también es profundamente justo y poderoso. Él no es meramente un pastelito o un osito de peluche que se abraza. Él es poderosamente afable, majestuosamente tierno, adorablemente fuerte y reconfortantemente enérgico. Tenemos que llegar a conocer al verdadero Jesús, no como un concepto, o el jefe, o el trabajo, o cualquier otra cosa.

Solamente cuando Jesús se vuelva real para el hijo de pastor, él o ella podrá empezar a averiguar quién es. El hijo de pastor puede escapar de las falsas expectativas y ver qué es lo que hace a Jesús feliz en la libertad del arrollador amor de Jesús mismo. Nunca más la presión exterior le definirá. Nunca más sentirá la necesidad de fingir, o esconderse, o mezclarse o rebelarse. *Sabrá* lo que es real, o más bien quién es real, y que Él es maravilloso. Solo en la persona de Jesús hay suficiente poder para liberar al hijo de pastor para saber quién es él o ella.

Capítulo 5

LO QUE UN HIJO DE PASTOR NECESITA MÁS QUE CUALQUIER OTRA COSA

Con todas las dificultades que se han mostrado hasta el momento, uno se pregunta cómo puede llegar un hijo de pastor a conocer a Jesús. Tenemos la mejor enseñanza desde casi cualquier parámetro: nuestros padres apilan títulos académicos sobre títulos, además pasamos horas-hombre (u horas-niño) en la iglesia más que cualquier otra persona. Aprendemos catecismos, oraciones, cultura general, confesiones, pasajes de la Escritura, y como si eso fuera poco, sabemos hasta algunas citas de C. S. Lewis para culminar (esto es como tener pasteles de lodo en un barrio pobre, ¿alguien quiere?). Aun así, todo esto no hace que Jesús sea real para un hijo de pastor; un hijo de pastor necesita conocer a Jesús, no que le cuenten de Jesús.

Los hijos de pastores crecen con lecciones sobre Jesús volando alrededor de ellos todo el tiempo, pero debido a nuestros problemas de identidad y a las expectativas que nos carga la iglesia tenemos grandes dificultades para relacionarnos realmente con Jesús. De pronto nos preguntamos: si este es su pueblo ¿por qué son tan difíciles? Se les llama el "cuerpo de Cristo", pero si forman parte de Jesús, entonces ¿por qué se ven y actúan tan poco como Jesús? ¿O será que ellos actúan como Cristo y Él no es alguien muy agradable, después de todo? Esto es lo suficientemente confuso como para querer darse por vencido, lo cual muchos hijos de pastores hacen.

> "Tuve luchas internas al ver un patrón de comportamiento en el hogar y escuchar que se proponía y predicaba desde el pulpito algo diferente."
>
> —Jonathan Holmes, hijo de pastor

Para muchos hijos de pastores, existe una seria desconexión entre lo que ven de su padre y lo que él dice sobre Jesús. Jesús es amoroso, lleno de gracia, perdonador y sacrificial, pero mi padre no es nada de eso. Jesús te acepta como eres, pero mi padre demanda más. Jesús perdona los pecados, pero mi padre habla incesantemente de ellos. Jesús nos hace blancos como la nieve, pero mi padre encuentra todas las manchas. Jesús ama a los niños y es alegre, pero mi papá se encueva en la oficina y mantiene una expresión seria en su rostro. Entonces ¿cuáles son las lecciones que el hijo de pastor aprende sobre Jesús? ¿Quién sabe?

Si todo lo descrito hasta aquí es desalentador para el hijo de pastor, es quizás más desalentador para sus padres. Ningún hombre está listo para las labores de padre. Yo tengo dos hijas a quienes amo entrañablemente, pero así como pienso cuánto las amo, también me pregunto: ¿qué estoy haciendo? Los padres ponen una buena cara, pero la mayoría de nosotros pasamos la mayor parte del tiempo luchando para averiguar lo que significa ser un buen padre, y estaríamos perdidos sin la gracia de Dios y de nuestras familias.

Ningún hombre tiene lo suficiente tampoco para ser pastor, especialmente con la visión que existe el día de hoy de lo que encierra la posición: el pastor es un hombre que lleva la carga del bienestar espiritual, el bienestar financiero, la educación teológica, y la salud marital y familiar de una congregación completa. Y a la vez mientras es responsable del cuidado de su propia familia. Yo diría que ese es un trabajo para el cual ninguna persona está lista, por lo menos no estando sola, no sin la profunda gracia de Dios. Y esa es la clave de todo esto: la gracia. Eso es lo que el hijo de pastor necesita ver y necesita saber más que cualquier otra cosa.

Los hijos de pastores necesitan ver la necesidad

Todos son pecadores y todos necesitan perdón de pecados. Todo hijo de pastor se sabe esas frases (si no es que las conoce en la práctica). Estas frases son taladradas en nuestras cabezas desde muy pequeños, pero ¿qué significan para el hijo de pastor? ¿Cómo es ser un pecador con necesidad de perdón?

Como la mayoría de los chicos, nosotros aprendemos sobre la realidad al ver a nuestros padres; y cómo dice el dicho, una acción habla más que mil palabras. Nosotros escuchamos decir que "los pecadores necesitan de la gracia", pero ¿qué vemos en la práctica? Lo que vemos con demasiada frecuencia es una falta de necesidad, o más bien la falta de reconocimiento de la necesidad. Muy a menudo vemos a padres que se esfuerzan por presentarse como los héroes perfectos que nunca podrán ser (ni para nosotros, ni para la iglesia) en lugar de las personas deficientes, idiosincrásicas, extrañas, y pecaminosas que realmente son. A medida que nos hacemos mayores y más conscientes de lo que sucede a nuestro alrededor, estos estados del ser que son incompatibles se hacen más notables. Vemos pecados, errores y deficiencias, pero no escuchamos que alguien admita un error o pida disculpas. Y así, nuestra comprensión y aceptación del pecado y la gracia se quiebran.

Lo que el hijo de pastor necesita son padres que no solo admitan que son pecadores, sino que realmente admitan que *pecaron*. Para un niño es más poderoso ver a sus padres admitir pecados reales, disculparse por ellos y esforzarse por corregirlos. Cuando un padre se refiere a sí mismo como un pecador y dice que necesita de la gracia de Dios pero no tiene como hábito admitir y pedir disculpas por faltas específicas, eso crea una mezcla en los chicos. Los hijos de pastores ven cuando sus padres pierden el control, las ásperas palabras, la sobrecarga de trabajo, el orgullo, el chisme. Sabemos cuáles son los pecados que comete nuestro padre, pero si él no los admite, le podemos perder el respeto. Además, no aprendemos a reconocer nuestros propios pecados, y aun cuando los veamos, no los admitiremos. ¿Por qué habríamos de hacerlo? Papá no lo hace.

> "Creo que si los padres que tienen un ministerio predicaran la gracia y la transparencia desde el púlpito y también dentro la casa, la presión sería quitada."
>
> —Jordan Taylor, hijo de pastor

Ahora, sume todas las respuestas y encontrará que hay un posible resultado aún peor: los hijos de pastores nunca lograrán percibir su propia necesidad de la gracia. Podemos experimentar una culpa profunda debido a que reconocemos la maldad de manera innata o porque nos sentimos incompletos. Podemos sufrir todos los problemas de identidad que exploramos en el capítulo anterior, pero nada de eso genera lo que se requiere en la mente del hijo de pastor para que piense: *necesito la gracia de Jesús para arreglar todo esto*. La gracia no significa nada para el hijo de pastor que nunca ha visto a alguien que la anhele. La gracia es sólo una palabra, o un concepto tal vez, pero no es una fuente de vida e identidad.

Sin embargo, la gracia, el favor inmerecido de Dios a través de Jesús, *es* la fuente de vida, de la persona y la identidad. Yo no fui capaz de ver realmente mi necesidad de ella hasta que salí de la universidad, no la había visto por completo. Y fue ahí cuando la aplastante gracia cayó sobre mí como una ola gigante en el Big Sur. Fue así como me lanzó y agitó hasta terminar de cabeza. Esa gracia fue la que lavó todas las capas del pecado y de autodependencia que había construido a través de los años "que no necesité" de la gracia. Si hubiese visto mi necesidad antes y me hubiera lanzado a las aguas de la gracia, habría sido capaz de disfrutar las olas en lugar de haber sido maltratado por ellas.

Los hijos de pastores necesitan ver la gracia misma

El pecado es algo serio, y la Biblia lo deja bien claro. El pecado es lo que nos separa de Dios, y no hay nada peor que eso. El pecado induce a la culpa, que nos hace sentir mal por algo que hemos hecho. La culpa nos puede dirigir al arrepentimiento, o puede llevar a las personas lejos de Dios y de las personas que aman, cuando la culpa se transforma en la fealdad de la vergüenza. La vergüenza es la culpa agravada tantas veces que se vuelve insoportable y nos empieza a dar forma. Es la culpa como una identidad, ese sentimiento de que *soy* malo por todas las cosas que he hecho. El pecado pone todo de cabeza; hace que la verdad parezca una mentira y que la mentira parezca atractiva, además convierte a los amigos en enemigos y a las personas nocivas en personas deseables. El pecado hace que los buenos hábitos sean aburridos y desagradables, y convierte los hábitos destructivos en algo atrayente. El pecado busca poseer nuestras mentes, nuestras almas y nuestras acciones. Esto es una realidad para todos, sean hijos de pastores o no.

Inicié este libro explicando que los hijos de pastores son gente común, lo que significa, entre muchas otras cosas, que somos pecadores. Pero como hemos visto, las presiones y las demandas que hay sobre un hijo de pastor no son normales, y cuando usted pone a una persona con imperfecciones que lidia con las mismas batallas que tienen los demás contra el pecado pero bajo una presión no común, a menudo esa persona se desmorona o se tuerce. Las presiones que existen para los hijos de pastores casi no se pueden evadir, pero hay una protección ante ellas, que es la gracia, gracia continua, consistente, expresa y activa, de parte de nuestros padres e iglesias.

> "La mejor manera que puedo pensar para ayudar a abordar las presiones del ministerio es que los ministros permitan a sus hijos ver que incluso los pastores no son perfectos, y la única esperanza de vivir una vida 'para Dios' es a través de la entrega y la confianza."
>
> —Jon Stepan, hijo de pastor

La gracia de Dios es la que permite que podamos avanzar en medio de las luchas que tenemos para vencer al pecado. Es el regalo del Espíritu Santo que permite a los seguidores de Jesús tomar buenas decisiones ante las tentaciones, y el Espíritu vive en todo aquel que ha reconocido a Jesús como su Salvador y como el único medio para estar en paz con Dios. La suprema expresión de la gracia fue el sacrificio de Jesús, que es perfecto y sin pecado, quien por el bien de toda la humanidad renunció a su gloria celestial, vivió una vida humana y tuvo una muerte dolorosa en una cruz grotesca, para que nosotros no tuviéramos que enfrentarnos al castigo eterno por deshonrar al Dios perfecto. Solo la gracia pudo hacerlo, porque nadie más podía hacerlo y nadie en la historia lo merecía; sin embargo, Jesús lo hizo. Fue la gracia porque se consumó por el único hombre a quien la muerte no pudo retener; y fue la gracia porque le fue *dada* a todos como un medio para alcanzar la paz, la esperanza y una relación con Dios. Ese tipo de gracia es profunda, y aun así es desconocida para demasiados hijos de pastores. Muchos de nosotros sentimos el juicio de la iglesia y de nuestros padres, incluso cuando están predicando sobre la gracia. Jesús lavó los pies de traidores y quienes le iban a negar, compartió la mesa con prostitutas y estafadores, utilizó sus últimos suspiros para perdonar a un ladrón y para clamar por misericordia para sus asesinos. Eso es gracia. ¿Por qué es tan difícil que los hijos de pastores la encuentren?

A pesar de que Jesús mostró tal misericordia con la escoria de la sociedad, fue duro con otros: los mojigatos santurrones que cargaban a los demás y retenían la gracia. Estas eran las personas que hacían que fuera más difícil para los demás acercarse a Dios o conocerlo. Presentaban a Dios como un ser inalcanzable y muy a menudo indeseable; creaban barreras entre los "pecadores", como ellos llamaban a los que consideraban poca cosa, y Dios, cuando en realidad ellos no eran mejor que nadie.

Esa es la misma experiencia que muchos hijos de pastores tienen, aunque no sea de manera explícita. Se encuentran ante una serie de barreras entre ellos y Dios, así como entre ellos y el perdón. Muchas veces estas barreras provienen de la iglesia en general, pero frecuentemente se originan en los padres. Los pastores pueden crear los obstáculos más grandes que existen entre sus hijos y Dios.

Obstáculos para la gracia

Reglas Extra

Muchas veces la palabra *extra* en *reglas extra* significa que son reglas únicamente para el hijo de pastor y que difieren de las que hay para sus compañeros, como lo vimos en los capítulos 2 y 3. Y con la misma frecuencia estas reglas son extrabíblicas con poca o sin explicación alguna. Los principios son mejores que las reglas. En lugar de decir: "No se ven películas con clasificación para mayores," sería de mayor provecho definir qué tipo de contenido debe ser evitado y por qué. Es obvio que hay una gran diferencia entre *La lista de Schindler* y *American Pie.* Los principios brindan una explicación y se ajustan a situaciones múltiples, pero las reglas son rígidas, no siempre se aplican, y crean frustración. Esto no quiere decir que los niños no necesiten reglas, sino que todas las reglas deberían tener una razón genuina para el beneficio del que las tiene que seguir; de lo contrario, son aros de santidad a través de los cuales los hijos de pastores tienen que saltar para acercarse a Dios. Lo que el hijo de pastor más necesita es ver el *porqué* y *cómo* estas reglas lo llevarán más cerca de Dios. Sin esta explicación, las reglas se pueden convertir en algo hueco, sin sentido, hipócrita y gravoso.

Todo en blanco y negro

No todo es bueno o malo, verdad o mentira, sí o no. El hijo de pastor necesita algunos quizás y más o menos. Si toda pregunta se responde con un blanco o negro y cada decisión se juzga como buena o mala, el hijo de pastor nunca aprenderá a tomar decisiones de valor.

De hecho, el hijo de pastor nunca aprende sobre valores, solo aprende a bailar con la moralidad y a evitar estar fuera de ritmo con lo que es "bueno" o "verdadero." Si a cada pregunta se le da una respuesta concreta y no se da espacio para la exploración o la duda, entonces el hijo de pastor se ve forzado a aceptar lo que se le dice o a enterrar sus dudas en un lugar donde se pueden descomponer y pudrir su fe.

El cristianismo está lleno de misterio y de profundidades desconocidas porque Dios es profundamente misterioso; por eso esta fe es tan maravillosa. Si para cada cosa hay una explicación en términos claros, el hijo de pastor recibe la impresión de que el cristianismo es una bien abotonada construcción en blanco y negro. Y en lugar de ser una experiencia maravillosa, que amplía la mente y conmueve, se torna algo descartable porque ya no es profunda.

El falso perdón

Perdonar significa liberar a alguien de una deuda y lavar una mancha de forma permanente. El perdón no es una simple expresión como "está bien;" es una decisión de dejar ir lo que se ha hecho mal para que el que perdona y el perdonado puedan ser libres y la relación pueda quedar restaurada. El perdón parcial no es perdón en absoluto; de hecho, ese término es una tontería porque el perdón parcial es falso perdón.

El falso perdón es la expresión externa de él sin las acciones y actitudes requeridas. Podría presentarse como la frialdad o tensión; podría ser un cierre de comunicación o cambios inexplicables en las expectativas o normas. (A veces se tienen que cambiar las expectativas cuando la confianza se rompe, pero siempre deberían estar claramente explicadas en el contexto del perdón verdadero).

Sin embargo, a menudo el perdón es la limpieza de los fracasos del pasado; podrían ser como "lecciones objetivas" o "recordatorios." Incluso he oído a pastores traer a colación los errores del pasado de sus hijos *con el fin de* señalar la gracia que piensan que sus hijos pasaron por alto. Todo esto rasga el corazón de esa expresión inicial del perdón. El perdón elige olvidar, dejar a un lado un recuerdo, y elige restaurar. Cualquier cosa menos que eso es falso.

Falta de empatía

Cuando me he relacionado con decenas de hijos de pastores, con frecuencia les pregunto: "¿Piensas que tus padres entendieron las batallas que tuviste o la presión que encaraste?" Los únicos hijos de pastores que han respondido que sus padres los comprendieron, son los hijos de pastores cuyos padres también son hijos de pastores. Sin excepción, el resto dice que no. La mayoría de pastores simplemente no entienden cómo es la vida de un hijo de pastor a menos que hayan estado en la misma situación, y aun así es fácil de olvidar. Para comprenderlo realmente, el pastor necesita tener empatía.

La empatía es la habilidad de ponerse en el lugar de otra persona, el esfuerzo de comprender la perspectiva de esa persona. Todos los niños necesitan recibir de sus padres empatía, y la mayoría de los padres son un tanto terribles en eso (lo digo como padre). Sin embargo, los hijos de pastores en particular necesitan padres (e iglesias) que sean empáticos. Debido a todas las razones que se enumeran en los capítulos anteriores, los hijos de pastores tienen presiones significativas, realidades que hacen que los desafíos para aprender a tomar decisiones sean mucho más duros y las consecuencias de los errores mucho más severas. Necesitamos padres que se esfuercen por ponerse en nuestras cabezas y nos comprendan; necesitamos padres que recuerden las estupideces que ellos hicieron cuando fueron niños y jóvenes adultos, para que nos den una medida de gracia extra.

Al igual que todo los chicos, los hijos de pastores necesitan disciplina cuando hay desobediencia voluntaria. Sin embargo, los padres o líderes necesitan dar un ejemplo de interés junto con ella, y no solo un sermón, una lección o un regaño. En general, los hijos de pastores son incomprendidos, y nosotros lo sentimos. En parte, por eso escribí este libro ya que esa incomprensión, que se da aún de parte de nuestros padres, conduce a un desastre de respuestas potencialmente negativas ante la disciplina directa. La falta de esfuerzo por comprender, por caminar una milla en nuestros zapatos, abarata cualquier mensaje bíblico. Se convierte en un mensaje que nos lanzan en lugar de ser un mensaje que nos comparten.

El título de hijo de pastor como requisito para un empleo

De todos los obstáculos que existen para la gracia que he descrito, el más particular de todos es cuando los padres miden el comportamiento de sus hijos basados en el puesto que tienen los pastores. En dos de las epístolas pastorales, 1 Timoteo y Tito, se presenta una lista de requisitos para los pastores y los ancianos. En 1 Timoteo 3:4 estos requisitos dicen de esta manera: "Debe gobernar bien su casa y hacer que sus hijos le obedezcan con el debido respeto." Sin entrar en todos los demás detalles hermenéuticos, que este versículo pone a la familia del pastor en una situación complicada.

Se le ordena al pastor que mantenga a sus hijos en obediencia. Bueno, yo personalmente conozco muchos pequeños de pastor que son desobedientes y problemáticos. Entonces ¿qué pasa si su hijo adolescente se rebela de manera pública? (la rebelión privada es más fácil de esconder bajo la alfombra). ¿Y si la hija abandona la fe y se vuelve lesbiana? ¿Existe un límite de edad para esta regla? ¿está a salvo el pastor si el hijo rebelde vive fuera de su casa? ¿Qué sucede si al hijo adulto lo despiden por prácticas poco éticas o deja embarazada a la novia, o aún peor, si este hijo comete actos criminales? ¿Y qué sucede si existe una rebelión menos obvia y el hijo de pastor tan solo se va alejando poco a poco de la iglesia y de Jesús? Particularmente conozco a hijos de pastor que han estado o han hecho todas estas cosas; yo mismo he hecho algunas de ellas.

Lo que le puedo decir es que sentir la presión de tener que ser "obediente" para que mi padre conserve su trabajo no es algo que me genere a mí (o a ningún otro hijo de pastor) deseos de seguir a Jesús. El recordatorio tácito de que nuestra rebelión le puede costar el trabajo a papá no es una expresión de gracia que lleve al arrepentimiento y a la restauración. Todo lo contrario, es una causa de resentimiento. Nuestra rebelión es una expresión de una necesidad, una búsqueda de algo que nos llene. Sí, está mal, pero no se resuelve con recordarnos las dificultades que papá está teniendo con los ancianos de la iglesia por nuestra culpa, eso solo empeora las cosas. Necesitamos que nos brinden ayuda de muchas maneras, pero ese tipo de recordatorios no es una de ellas.

> "Pienso que al mostrar gracia y misericordia a sus hijos viéndolas cada día con la familia, hace mucho más sencillo que ellos se comuniquen de una manera abierta con usted sobre lo que realmente hay en sus corazones."
>
> —Chriselda Dirrim, hija de pastor

Cómo se ve la gracia

La gracia es holística

La gracia nunca es menos que perdón, empatía, y la disposición a permitir que los hijos de pastores hagan preguntas y se equivoquen, pero es mucho más que eso. Es más, incluso, que un pastor que exhibe y expresa su propia necesidad de gracia. La gracia debe ser en todo holística, dándole forma y templando todas las áreas de la vida, así como lo hizo Jesús.

La gracia dio forma a toda la vida de Jesús, desde el momento en que dejó su gloria para convertirse en un hombre mortal, hasta su brutal muerte y resurrección. No obstante, la gracia se ve reflejada de manera más sencilla en las interacciones diarias de Jesús con las personas. ¿Qué fue lo que atrajo al astuto y sagaz Zaqueo hacia Jesús y luego lo llevó al arrepentimiento? ¿Qué era lo que unía a la antes endemoniada María Magdalena a Él con tal lealtad que ella arriesgó su propio bienestar para estar presente en su muerte y su resurrección? Fue el poder de la gracia perfecta y consistente; es decir, holística. La gracia de Jesús era tan profunda que liberó corazones, echó fuera el mal y atrajo pecadores a Él una y otra vez. Algunas veces ganó esas almas más de una vez. Piense en Pedro, el discípulo que lo negó y fue ganado por la gracia para convertirse en la roca sobre la cual Jesús edificó su Iglesia.

Los hijos de pastores batallan con la gracia, ya que con frecuencia la hemos visto muy sesgada, oculta o distante; pero Jesús les mostró a todos las marcas de la verdadera gracia. Tales marcas son las que pueden hacer que la gracia sea real para los hijos de pastores que están tan hastiados y dañados. Necesitamos estas marcas tanto por parte de nuestros padres como de nuestras iglesias, además necesitamos creer en ellas y ser parte de ellas. La gracia se da, y así la gracia debe ser recibida.

La gracia se preocupa por la vida y el alma

La gracia verdadera se preocupa profundamente del funcionamiento interno de una persona (o las cosas que no funcionan). Se preocupa por lo bueno y lo malo, se preocupa porque ama, sin tener una agenda en beneficio propio. Esto es el cuidado del alma, el tipo de cuidado que está deseoso de llevar las cargas y compartir el dolor. Los hijos de pastores sienten que esta es la gracia que a menudo está ausente cuando la gente juzga nuestro comportamiento y cómo cumplimos con las expectativas. Esta es la gracia que también se preocupa por las cosas pequeñas que en realidad no son tan pequeñas, como las aficiones e intereses, los enamoramientos y los romances. Esta gracia se involucra en el día a día así como en lo eterno porque todo es importante, porque todo constituye a la persona del hijo de pastor, y porque esta gracia realmente se preocupa. Esta gracia muestra que se preocupa al ser parte tanto de lo cotidiano como de lo eterno. No siempre está empujando para llegar al alma o tratando de orar. Esta gracia hace preguntas y escucha respuestas; está interesada en mí, en lo que hago para divertirme, en cómo batallo en el trabajo, se interesa por las historias graciosas sobre mis hijos, por el juego de béisbol al que fui, y el resto de mi vida día a día. Está interesada porque reconoce que todas esas cosas son las que conforman la vida, y todo es una puerta de entrada a mi alma.

La gracia no supone cosas

Las suposiciones crean una ola contra la cual los hijos de pastores no pueden nadar. En los capítulos 2 y 3 vimos algunas de las suposiciones que existen sobre los hijos de pastores y las expectativas que se sitúan sobre ellos. Las expectativas informan a las suposiciones: el hijo de pastor es un ángel perfecto, el erudito bíblico, el teólogo, el futuro súper pastor o el misionero, y a su vez esas suposiciones alimentan las expectativas; es un círculo vicioso. Cuando la gracia mira al hijo de pastor, ve a la persona; esa gracia es consciente de la debilidad y pecaminosidad interna, y no supone nada sobre el actual estado mental o espiritual del hijo de pastor. Este equilibrio entre ser consciente y no hacer suposiciones permite al hijo de pastor hablar de manera franca y ser libre. La gracia permite al hijo de pastor ser quien realmente es sin cargar con supuestos de superioridad y salud espiritual.

La gracia también sabe que lo que se ve en la superficie del hijo de pastor no es realmente lo que hay en su corazón, de modo que sabe cómo preguntar gentilmente y dar un empujón para averiguar quién es la persona real y cuáles son sus verdaderas creencias. Y cuando la gracia se da cuenta de que lo que la iglesia ve no es el auténtico hijo de pastor, no se sorprende ni se ofende; entonces crea una oportunidad para que el hijo de pastor sea genuino.

La gracia no tiene expectativas injustas

La verdadera gracia espera que el hijo de pastor solo sea lo que Dios hizo que fuera, y no una fórmula de perfección ministerial fabricada por la necedad colectiva de la iglesia. No carga al hijo de pastor con moralidad o espiritualidad extra, y eso no significa que la gracia no tenga expectativas. No esperar nada de alguien es no mostrar interés.

En su lugar, la gracia tiene expectativas justas, las que se esperan de cualquier creyente. Espera que el hijo de pastor honre a Jesús y que falle en el intento; espera que haga pruebas, que se equivoque y que pida ayuda, y en ese momento la gracia le brinda una mano.

La gracia también espera lo mejor, y espera que el hijo de pastor vaya en busca de eso. No aguarda por un sendero en particular, pero sí espera que el hijo de pastor llegue a ser algo. Espero que los dones que le fueron dados al hijo de pastor sean utilizados de buena manera, por lo que le ayuda a ver esos dones y a aprender a desarrollarlos. Una de las cosas más difíciles para los hijos de pastores, y este fue mi caso en particular, es averiguar quiénes somos y cuáles son nuestros dones. La gracia holística reconoce esto y ayuda a sacar a la luz esos dones hasta que sean reales, visibles y puestos en uso.

> "Ambos realmente me ayudaron a darme cuenta de que mis talentos y pasiones estaban en el mundo de los negocios/emprendimiento. Debido a la comprensión de mi padre y al apoyo de nuestro equipo, acabo de lanzar un nuevo negocio. Y todo lo que hago a través de mi trabajo a tiempo completo, el lugar donde vivo y donde juego, es todo ello mi ministerio. Todo es una misión.
>
> —Angela Jackson, hija de pastor

La gracia caminará cualquier milla que le pide a otros que caminen

Crecí sabiendo que Jesús era Dios y era hombre. Conocía todas las historias de su vida, pero no fue hasta que empecé a comprender la profundidad de la humanidad de Jesús cuando empecé a amarlo realmente. Para mí, era fácil pensar en Jesús como Dios: perfecto, venciendo a la muerte y sin pecado. Pero era difícil comprender que Él caminó en esta tierra enfrentándose a las mismas tentaciones que yo tenía, que fue lastimado por otros como yo lo había sido, que lo criaron padres imperfectos como a mí, y que además tenía sobre sus espaldas expectativas apiladas al igual que yo. Bueno, eso no es cierto; las expectativas que se amontonaban sobre Él eran ser el Mesías, Redentor y Salvador del pueblo de Dios, y eso es muchísimo más de lo que yo he tenido que tratar. Jesús caminó cada milla que Él me ha pedido que camine. Él tuvo que hacerle frente al pecado y no participó de él, además se relacionó con personas y no lastimó a otros ni tomó represalias cuando lo hirieron a Él. Jesús tuvo una familia y no permitió que el drama familiar o los embrollos lo convirtieran en una persona distante u odiosa. Él es la gracia hecha carne.

Ese es el tipo de gracia que los hijos de pastores necesitan ver en sus padres y en la iglesia. No hay nadie que pueda caminar en nuestros zapatos verdaderamente, pero las personas pueden encarnar la gracia de Jesús. Necesitamos ver más de eso en toda la vida.

La gracia no hace acepción de personas

La frase "no hace acepción de personas" es una vieja frase, inclusive un poco arcaica.[7] Aquellos que crecimos empapados en la enseñanza y la terminología bíblica la reconocemos fácilmente, pero definitivamente ha salido de lo corriente. Ser alguien que "no hace acepción de personas" va más allá de solo respetar a la gente. La gracia respeta a las personas, pero no ve a una de ellas más valiosa que otra de manera innata: eso es "hacer acepción de personas." La gracia trata a todas las personas como seres que fueron creados por Dios de la misma manera y con el mismo valor. El hijo de pastor no es mejor ni peor que otros. Algunas veces esto significa que la gracia debe bajar de las nubes al hijo de pastor y ponerlo en su lugar.

En más de una ocasión algún buen amigo ha desinflado mi cabezota con unas palabras agudas y llenas de gracia que me recuerdan que mi apellido no me hace mejor que los demás. De manera especial recuerdo una tarde de domingo cuando tenía diecisiete años. Shae McCowan, un líder voluntario de nuestro grupo de jóvenes, me llevó a almorzar a TGI Friday's y tuvimos una conversación aguda: bueno, él habló y yo más que nada escuché (lo cual era raro en mí). Me dijo: "Barnabas, tienes todo el potencial del mundo para ser un gran líder, pero también puedes ser un verdadero vándalo. Necesitas aceptar la responsabilidad de liderar. Las personas te miran, acéptalo." Esa fue la esencia de la conversación. Él me desinfló y luego me volvió a levantar, y no le prestó atención a mi apellido o a que yo fuera un hijo de pastor. No lo he olvidado nunca.

A veces, sin embargo, gracia significa sacar al hijo de pastor del hoyo de la frustración y la culpa donde ha caído por el constante fracaso respecto a estar a la altura de las expectativas de otros. Esta gracia mantiene una base nivelada con una evaluación concreta de las personas: la gente es fea a causa del pecado pero hermosa porque es obra de Dios y redimidos por Jesús. Esto le recuerda al hijo de pastor cualquiera de esas verdades que necesite.

La gracia ve lo que Dios puede hacer en una persona

Debido a que la gracia reconoce que todas las personas son la obra de un Creador, diseñadas de manera única para reflejarlo a Él, también ve el potencial que tiene cada persona para llegar a ser ese reflejo singular. La gracia no ve a los hijos de pastores como reflectores de sus padres o como iconos para sus iglesias, ni nos ve como astillas del viejo palo. La gracia no tiene un plan para que cada hijo de pastor se convierta en algo, más bien prefiere ver las marcas de la creatividad de Dios en él o ella y las toma como señales en el camino que apuntan a lo que el hijo de pastor podría ser. Estas marcas pueden ser dones y pasiones únicas, cualidades sobresalientes. Y cuando la gracia ve estas marcas también ve en lo que se pueden convertir, y no cómo calzan en un grandioso plan maestro para hacer que el hijo de pastor se convierta en algo que complazca a sus padres o la iglesia.

Pero la gracia también sabe que solo Dios es quien puede dar forma al hijo de pastor, así que no regaña, acosa o manipula al hijo de pastor. La gracia buscará ayudar y animar en lugar de dirigir y mandar. Señalará nuestras fortalezas y posibilidades en lugar de mandar hacer y esperar resultados.

Esto se aplica de manera especial cuando el hijo de pastor va creciendo, durante la adolescencia y más adelante, y empieza a buscar la independencia. Eso es lo que me perdí mientras crecía e incluso durante la universidad. Me quedé sin idea alguna de lo que Dios me hizo ser y de los dones que me dio. Yo sabía que no era tonto y que era capaz de muchas cosas, pero ¿qué cosas? Los hijos de pastores necesitan guía con gracia, además de la libertad de la manipulación, para convertirse en las personas diseñadas de modo único para ser reflejos de Dios.

Esperanza

La falta de esperanza es lo que a menudo lleva al hijo de pastor a descarrilarse. Se siente sin esperanza de vivir a la altura de las expectativas, sin esperanza de ser lo que papá quiere que sea, sin esperanza de averiguar quién es Jesús en realidad, sin esperanza de descubrir quién es él o ella realmente. La gracia brinda esperanza porque provee oportunidades. En caso de que el hijo de pastor falle, no hay un registro en su contra en el expediente del anotador cósmico; no es más que un fracaso, una oportunidad para aprender y crecer. La gracia ofrece la oportunidad y motivación para seguir adelante, para continuar buscando y seguir intentándolo. Proporciona el valor de ser diferente a sus padres o a su iglesia, y la esperanza de que llegará a ser lo que Dios hizo que fuera en lugar de lo que los demás quieren que sea.

En la película *Sueños de Libertad* [8]Andy Dufresne le escribe en una carta a Red: "La esperanza es una cosa buena, quizá la mejor de las cosas, y las cosas buenas nunca mueren." La esperanza debe tener un fundamento para que sea real, y el fundamento de la verdadera esperanza es la gracia: la gracia de Dios a través de Jesús y esa misma gracia exhibida por los seguidores de Jesús. Esta es la esperanza de la salvación, la esperanza de la identidad, la esperanza de la moralidad, la esperanza de la felicidad. Sin la gracia no hay esperanza, pero con ella no hay escasez.

Capítulo 6

PASTOR E HIJO

"Familias fueron sacrificadas sobre el altar del ministerio, y las presiones de la vida quemaron a ambos hasta el polvo."

—Matthew Weathers, hijo de pastor

"Los mejores pastores pastorean a quienes están más cercanos en el Reino. No se puede ser un buen pastor si no puede pastorear a su familia de sangre, no me importa cuán 'exitoso' pueda ser su ministerio."

—Angela Jackson, hija de pastor

La gracia descrita en el capítulo anterior es la que los hijos de pastores necesitan de todas las partes: de la iglesia en general y de la familia nuclear. Le di categorías de la gracia, filtros a través de los cuales la gente puede presionar sus acciones y motivaciones para tamizar la falta de gracia. En este capítulo me referiré al pastor y su esposa, los padres de los hijos de pastores. Existen ciertas expresiones de gracia que corresponden de manera particular al pastor y que no se aplican a la iglesia en general. Tales expresiones son personales y a menudo intensas. La relación entre el pastor y su hijo se define por estas expresiones o la ausencia de las mismas; de hecho, sin las manifestaciones de la gracia que siguen, no puede existir una relación sana entre el pastor y su hijo o hija.

Sea un padre, no un pastor

Frecuentemente a los pastores se les anima a que "pastoreen a sus familias." Comprendo el sentimiento que conlleva tal exhortación, ya que habla del cuidado espiritual de la esposa y los hijos y ser un buen líder en casa. En definitiva, se da en el espíritu del verdadero significado de la palabra *ministro*: pastor, el cuidador de un rebaño. A pesar de las mejores intenciones de tal instrucción, sin embargo, es un mal consejo. El problema radica en la definición funcional y cultural de *pastor* y las expectativas que se encuentran en tal papel.

En la iglesia occidental, el papel del pastor ha tomado responsabilidades y definiciones que no le corresponden. Se ve al pastor como la persona que lleva las cargas espirituales de toda una congregación, además de ser la voz profética de autoridad, la voz casi infalible de Dios. El pastor es el hombre que tiene las respuestas para todos los temas, que van desde sexo hasta la mayordomía y la santificación. Él es la figura insigne de una institución religiosa, y con frecuencia eso significa que también es un especialista en política. Él debe ser un experto en contabilidad, teólogo, psicólogo, comercializador, estratega y orador.

En resumen, debe exhibir todo don espiritual que Dios pretende propagar por toda la iglesia. Las expectativas culturales sobre los pastores son en su mayoría no bíblicas, totalmente imprácticas, y en general francamente faltas de inteligencia. Cada uno de nosotros espera que el pastor satisfaga sus necesidades particulares con rapidez y sabiduría. Esta una situación insostenible, una carga que ningún hombre puede soportar.

Muchos pastores ni siquiera han pensado en esto, y simplemente llevan sus vidas y ministerios tratando de cumplir con todas estas expectativas. Ellos ven su papel tal como la cultura de la iglesia lo ha definido, y no conocen otra forma. Algunos pueden ir contra las expectativas o tienen un sutil sentimiento de que algo no está bien. Otros aceptan las expectativas y empiezan a pensar que son capaces de cumplir con todas las exigencias de la función. A menudo se ven a sí mismos como directores generales o desarrollan "complejos de dios" y piensan que puedan encontrar o ser la solución a cualquier dificultad. Otros simplemente se marchitan y quedan vacíos, terminan como la cáscara de un ministro desanimado. El pastor que tiene la mejor respuesta es aquel que se da cuenta de sus propias limitaciones, es honesto acerca de ellas y simplemente hace lo que puede para servir a su congregación mientras busca ayuda para hacer lo que no puede.

Por eso, decir que el pastor debe "pastorear a su familia bien" es pedirle funcionalmente, debido a la cultura de la iglesia, que sea Superman para la iglesia y Superman en el hogar. Eso está mal para todos los involucrados, ya que solo por gracia un hombre puede ser un hombre decente, y no hay persona alguna que pueda ser 'súper'.

Pastores: sus hijos necesitan un padre, no un pastor; no necesitan que usted lleve a casa las expectativas de su trabajo. Los chicos *saben* que usted no es Superman; de hecho, saben que usted es malo tratando de serlo. Lo que los hijos realmente necesitan es que usted sea usted, el padre, con todas sus debilidades y flaquezas. Por eso, la mejor respuesta al consejo de "pastorear a su familia bien" es el tener presente cuáles son sus limitaciones, ser honesto ante ellas, hacer lo que se puede hacer y buscar ayuda para poder llevar a cabo lo que no puede hacer. Tan solo no trate de ser un pastor en el hogar.

> "Creo que lo más significativo para mí (a la hora de ayudarme a lidiar con la presión de ser un hijo de pastor) fue que mi padre fuera mi padre y no mi pastor."
>
> —Tyler Braun, hijo de pastor

La familia es su llamado

Se entiende que la posición de pastor no es solo un trabajo sino que es un "llamado." El término *llamado* tiene cierta carga, y conlleva más peso que *carrera* u ocupación, o incluso *ministerio*. Es un término que puede establecer un papel fuera de lo que Dios ha colocado de forma única en una persona. Entonces surge un problema, sin embargo, cuando el "llamado" eleva la posición por encima de donde debiera estar. Permítame explicarlo.

Creo en los llamados, así como creo que Dios lleva a personas hacia posiciones y ocupaciones específicas. Sin embargo, no creo que el llamado pastoral sea mayor que cualquier otro llamado. ¿Único? Sí, pero no es más alto que otro. Dios llama a personas a vender bonos, publicar libros, construir casas, enseñar literatura, invertir en acciones, crear arte y ser pastores. Cada uno de estos llamados conlleva una atracción hacia ese papel basada en los dones y las pasiones específicos que Dios le ha dado a una persona, siendo cada asignación una expresión particular de la imagen de Dios que conlleva la expectativa de la excelencia y de hacer el trabajo de tal manera que honre a Dios.[9] Cada persona es única en la forma en que declara la imagen y la gloria de Dios. En el caso del pastor, la labor se lleva a cabo por medio de la proclamación, la enseñanza y el ejemplo. Si bien es cierto que el pastor está llamado a enseñar y a liderar, eso no significa que él esté por encima de los que lidera y que tienen otros roles. Todos necesitan de los otros y se combinan para ser una representación más completa del Creador.

Lo que sucede cuando el llamado del pastor se eleva más allá de donde debiera estar es que obtiene libertad y expectativas para que el pastor sea y haga cosas que otros no deberían. Puesto que se mira la labor del pastor, de alguna manera única, como "la obra de Dios", de pronto está bien que trabaje setenta y ochenta horas semanales, aunque tal exceso sería motivo de una reprensión si fuera el caso de un vendedor de bonos, por ejemplo. El exceso de trabajo es una norma cultural en los Estados Unidos, ya que las personas buscan "ponerse por delante" en el mundo (esta crítica no se aplica a los que tienen dos o tres empleos debido a la necesidad).

El trabajo se ha vuelto un ídolo o una muleta para muchos, incluidos los pastores. Se espera que los pastores estén disponibles para sus congregaciones a cualquier hora del día o de la noche, ya sea durante la cena, el partido de fútbol de la hija, la casa abierta de la escuela de sus hijos o cuando ayuda a su hijo a trasladarse a vivir a la universidad. El faltar a un día de trabajo, lo cual podría ser no predicar un domingo, se considera negligencia en el cumplimiento del deber, en lugar de simplemente lo que es: tiempo en familia o vacaciones. Muchas de estas expectativas son externas: la iglesia presiona a los pastores. Pero hay muchas de las expectativas que son autoimpuestas, o quizá los pastores simplemente las adoptan de manera pasiva. En cualquiera de los casos, la familia sufre.

Los pastores necesitan entender que su primer llamado es la familia, no la iglesia. Sí, el servicio a la iglesia es un llamado también, y tener un balance entre las dos es terriblemente difícil. Al igual que en muchas otras industrias, algunas veces el trabajo demanda tal atención que no puede ser ignorado. Pero cuando una persona se casa y se convierte en padre de familia, esa familia debe ser lo primero. Está mal y es pecaminoso ponernos a nosotros a un lado y tratar el ministerio pastoral como si fuera el llamado "primordial" o "real." Los pastores deben mantener este doble llamado en una relación apropiada, aún con todas las dificultades que esto puede conllevar.

La familia del pastor necesita lo mejor de su tiempo y energía. Necesitamos toda su atención y pasión tanto como sea posible. El sermón no es más importante que las preocupaciones o las crisis de su esposa e hijos, no es más importante quedarse hasta tarde o levantarse temprano para terminarlo. Las reuniones de diáconos no son más importantes que los partidos de las Pequeñas Ligas de Béisbol. Si las reuniones generan un conflicto regular, hay que reprogramarlas o quizás delegar su liderazgo a un compañero de confianza (tener un compañero de confianza es un salvavidas que todo pastor necesita). Las luchas educativas de otros no merecen más esfuerzo que las propias, así que no dedique todo su tiempo a la búsqueda de las ovejas perdidas de otros cuando las propias andan vagando cerca de un precipicio debido a que el pastor no las está atendiendo. Lo mismo se aplica a los problemas matrimoniales.

Al igual que muchos administradores y trabajadores del mundo laboral en general, los pastores afrontan tareas y demandas que no se pueden esquivar. Las personas que sostienen económicamente a sus familias se encuentran ligadas a responsabilidades particulares en sus trabajos, de tal manera que en ocasiones faltan a funciones familiares o tienen que retrasar el abordaje de asuntos urgentes. Debido a mi trabajo, viajo varias veces durante el año, y procuro tanto como me sea posible no programar viajes en fechas cercanas a festividades, cumpleaños o actividades familiares, aunque en algunas ocasiones no tengo opción, pues es lo que el trabajo demanda. De la misma forma, los pastores deben solucionar esos mismos desafíos pero con una diferencia significativa: ellos tienen más opciones en el asunto. Yo viajo cuando mis superiores me asignan un viaje, pero los pastores suelen tener más libertad ya que ellos son principalmente los que toman las decisiones. Quizás no lo sientan así ("¡El pueblo me *necesita*!" "Ellos me solicitaron de manera específica que estuviera ahí."), pero ellos tienen libertad sobre esas decisiones. A menudo, los pastores pueden compartir responsabilidades con otros líderes de la iglesia, y en otras ocasiones pueden retrasar algunas tareas para que él pueda tener tiempo de familia. Es cierto que hay crisis y reuniones que son situaciones que requieren dejar todo lo demás y ser atendidas de inmediato, pero no son tantas como uno pensaría, y aquí es donde radica la importancia de tener un balance en el llamado. Solamente el pastor, y quizás su familia, puede realmente decir si él cuida de su familia como debe y si le da la prioridad correcta, y no nadie desde el exterior. Y es crucial que él lo haga.

> "Pareciera que es más sencillo justificar la ausencia, aspereza, impaciencia y la falta de tomar parte de nuestras cosas, cuando el motivo es el mundo perdido, los santos enfermos y las reuniones sobre la visión."
>
> —Jeremy Noel, hijo de pastor

Debido a las demandas de casi cualquier trabajo, es inevitable ausentarse de algún tiempo familiar, especialmente si se es parte de los servicios de emergencia y profesiones que están sujetas a llamadas, como los doctores o quienes tienen sus propios negocios. En estas ocupaciones se reconoce que si la ausencia se vuelve la norma es un problema, y en el pastorado debería ser igual. Sin embargo, en el caso de los pastores la norma con frecuencia *es* la ausencia, y el "llamado" les da el pase libre para esto. Es una doble moral, que ignora el hecho de que el llamado más alto que hay en la tierra es la familia. Los pastores deben poner a sus familias en primer lugar, por delante de los sermones, los ancianos, la congregación y los servicios de los domingos por la mañana. Es cierto que se requiere de un equilibrio y que es difícil mantenerlo, pero si los pastores lo hacen bien, todos los demás aspectos del llamado y el ministerio serán más saludables por ello. Si no pueden mantener ese equilibrio, entonces no deberían ser pastores.

Ponga la gracia en práctica

Se muestra la gracia en acciones individuales y distintivas. La gracia que los hijos de pastores necesitan va más allá de lo categórico y conceptual, ya que debe ser oportuna, personal y personificada. Ser un padre antes que el pastor se logra en el día a día con la familia, en llevar a cabo actos de gracia en ese caminar. Atender el llamado de la familia primero es un acto de gracia para la familia y para los hijos de pastores. Lo que sigue son las expresiones de gracia que los hijos de pastores necesitan de sus padres. Estos actos son el fundamento de la relación entre el pastor y el hijo, y pueden marcar la diferencia entre un hijo de pastor que está perdido y resentido y un hijo de pastor que ama a sus padres, a la iglesia y a Jesús. Y tristemente he aprendido, de muchas conversaciones con compañeros hijos de pastores, que precisamente esas acciones de gracia son las más ausentes en la relación que tienen los hijos de pastores con sus padres.

No aconsejar, conversar

Los pastores aconsejan a todo el mundo. Toda la iglesia y a veces incluso completos desconocidos acuden a los pastores buscando consejo, que usualmente viene en forma de la Escritura. Los hijos de pastores saben todo esto, y nosotros sabemos cuándo nuestros padres están dando respuestas "pastorales."

Sin embargo, eso no es lo que deseamos para nosotros, queremos respuestas de padres y madres, deseamos empatía y cuidado, aún curiosidad, y no consejos sacados del libro de Romanos. Cuando los hijos de pastores hablamos con nuestros padres, a menudo sentimos como si estuvieran evaluando nuestras respuestas o en búsqueda de nuestros puntos débiles en nuestras emociones, nuestra teología o nuestra visión del mundo. Muy frecuentemente se siente como si nos estuvieran probando o punzando para encontrar nuestros defectos. Eso no es una conversación; eso es lo que hacen psicólogos, maestros y científicos.

Muchos conocen de los hijos de pastores, pero no los conocen realmente. Nosotros queremos conversar, abrirnos y compartir. Necesitamos una avenida de comunicación, no una biblioteca de consejos; necesitamos derramar lo que nos está quemando por dentro y desbordar lo que nos hierve; necesitamos explorar lo que realmente nos molesta, y ¿quién mejor que nuestros padres para poder llevarlo a cabo? No obstante, muy pocas veces tenemos la oportunidad de hacer eso.

Una conversación no es conversación a menos que vaya y venga en dos vías. Una de las mayores razones por las cuales sentía como si estuviera siendo aconsejado mientras crecía, no es que mis padres no me escucharan o no tuvieran tiempo para mí, sino porque la conversación nunca inició con ellos ni realmente los incluyó. Cuando yo era niño, nunca me contaron qué cosas malas hicieron como niños; mientras crecía, nunca supe cuáles fueron sus luchas como adolescentes, y como adolescente yo mismo, realmente deseaba saber que los corazones rotos, las luchas con la lujuria o el estrés abrumador eran algo normal y que yo podría sobrevivir a eso. Nunca supe sobre las batallas honestas que tuvieron con respecto a Dios o si ellos tuvieron alguna, de modo que cuando me hice grande no sabía si era seguro dar a conocer mis preguntas o dudas. Nunca supe sobre sus luchas con la oración o la ira, nunca escuché sobre sus relaciones pasadas y corazones rotos, y por eso no se sentía como una conversación. Yo sentía que yo les compartía, ellos escuchaban y yo recibía consejos, hasta que llegó el punto en que dejé de compartirles mis cosas.

Dejar de orar y hablar con Dios

Los hijos de pastores conocen cada método y lenguaje de oración que existe. Podemos hacer ruegos con lo mejor de ellos y espolvorear un poco de versión Reina-Valera en nuestras oraciones. Sabemos cuándo referirnos a Dios como "Altísimo" y a nuestros amigos como "santos" o "hermanos y hermanas." Sabemos cómo podemos pedir a Emmanuel, Dios con nosotros, Abba, Padre, Rey de reyes, gran Sanador, Pastor, Guía, Maestro, Señor, Salvador, Creador, Adonai, Mesías, y concluir la oración con un Maranata para completar el cuadro. Podemos decir un "Amén" oportuno en la oración de otra persona para mostrar nuestra identificación, y de la misma manera ponerle la guinda al pastel con un profundo "mm-mm." Sobre todo, tenemos esa "voz de oración." ¿Conoce esa voz que es media octava más alta, que tiene unos cuantos decibelios más suaves y sale más bien de la nariz y la parte de atrás de la garganta, la que es diferente a la voz usual? Esa es la voz de oración, la que los hijos de pastores han dominado para añadir el requisito de sinceridad a nuestras oraciones.

Pero nada de eso significa que sepamos hablar con Dios. Cuando tenía veintisiete años, me di cuenta de lo tonto que es tener miedo a contarle a Dios lo que pienso. Dios conoce mi corazón, Él sabe lo que no digo tanto como lo que digo. Tenía veintisiete años cuando entendí que podía enojarme con Dios y que podía vociferar y gritar si lo necesitaba, o bien podía llorar, o quizás en algunas ocasiones no necesitaba de palabras y podía quedarme ahí sentado con El y permitirle a mi abrumado y herido corazón que orara en mi lugar. En los últimos años me he percatado de que todas las ideas sobre la oración que aprendí mientras crecía no me ayudan a orar, y que de hecho son estorbos. Tengo una relación con Dios, y por eso ahora procuro hablar con Dios en lugar de orar, al menos en la otra forma que antes conocía.

Esto es lo que los hijos de pastores necesitan ver: padres hablando con Dios, que expresan su relación con Dios. No necesitamos padres que oran, necesitamos padres que nos ayuden a darnos cuenta de que es normal tener luchas con la oración y que vale la pena seguir llegando delante de Dios sea cual sea la situación. Necesitamos padres que hablen con Dios junto con nosotros y que nos muestren cómo es esa relación, y necesitamos ver que es una relación en lugar de una serie de cartas, propuestas de trabajo o peticiones oficiales.

Dejar los sermones en el púlpito

Los hijos de pastores escuchan más sermones que cualquier otro ser humano. Escuchamos todos los sermones de los domingos, y usualmente también algunos en la casa durante la semana.

Después de un tiempo, la eficacia de los sermones se apaga para nosotros, o al menos para algunos de nosotros. Necesitamos algo diferente, necesitamos la conversación que describí unos párrafos atrás, y necesitamos compromiso en lugar de lecciones. A la iglesia realmente le cuesta comprender esto, ya que para la congregación los sermones, especialmente de los pastores a quienes aprecian, son algo para devorar hambrientamente los domingos y digerir durante el transcurso de la semana, siendo que en siete días se vuelve a realizar el mismo ciclo.

Durante la semana, muchos de los que asisten a la iglesia escuchan más sermones de otros predicadores del país en la radio o por medio del Internet. Eso es grandioso, y siento ese aprecio por mi pastor ahora, pero hubo una reducción intencional de todos los otros sermones de mi vida (conferencias, radio, Internet, etc.) para poder llegar a ese punto donde una vez más puedo absorber y ser bendecido por sus sermones.

Y ese predicador no es mi padre. Cuando las personas me preguntan sobre los sermones o las enseñanzas de mi padre, soy ambivalente. He tenido demasiado de eso. No me disgusta; de hecho, pongo poca atención, pero es común que alguien me pregunte: "Oye, ¿escuchaste lo que dijo tu padre sobre...?" No, usualmente no. Y no quiero sonar irrespetuoso, es solo que no quiero sus sermones; prefiero conversar con él.

Los sermones en el hogar son aún menos eficaces que los del púlpito para los hijos de pastores. Esos sermones son redundantes y están fuera de lugar. La mayor parte del tiempo los pastores caen en modo prédica sin ni siquiera darse cuenta de ello. Esos sermones de cocina son realmente eficaces si el objetivo es conseguir que el hijo de pastor se desconecte, pero si se desea establecer un punto de comunicación, trate de hacer otra cosa. Relaciónese con nosotros, hable con nosotros, haga preguntas, cuente historias y sea un poco autocrítico sobre la tendencia a predicar sobre lo que sea. Con el paso del tiempo, este tipo de comunicación personal en casa hará que los sermones sean mucho más eficaces y agradables.

Disculparse y arrepentirse de errores y pecados específicos

No hay disculpa más falsa y difícil de digerir como la que no dice nada. "Lamento si he ofendido a alguien", "me disculpo si hice algo que lo lastimó", "soy un pecador y he hecho cosas o no he hecho cosas que lo han lastimado, lo siento." Ninguna de estas frases es un ejemplo de una verdadera disculpa. Son el reconocimiento de que alguien resultó herido, eso es todo; y usualmente estas frases son el tipo de disculpas que los pastores dan. La presión para que el pastor sea Superman es tal, que una disculpa abierta y sincera por errores específicos o pecados parece algo imposible o terrorífico. Pero ese tipo de disculpas son necesarias, especialmente en el hogar.

Todos lastimamos a los miembros de la familia, todos perdemos la paciencia y nos precipitamos en enojo contra un niño o esposa, ignoramos a un miembro de la familia que está en necesidad, o nos quejamos muy a menudo. Una disculpa por estos actos es exactamente lo que se necesita para limpiar el aire y aliviar el dolor. No obstante, las disculpas caen, si es que hay alguna disculpa, en el plano de lo general y no abordan heridas específicas. Pero los hijos de pastores necesitan de sus padres esas disculpas genuinas y específicas. Conocemos los defectos de nuestros padres mejor que cualquier otra persona, y cuando nuestros padres no los reconocen y se arrepienten de ello, se convierten en un caldo de cultivo para la amargura

El arrepentimiento es un aspecto que también es importante. Tenemos que ver a nuestros padres trabajando activamente en sus faltas, reconociendo el fracaso, y confiando en Dios para ayudarles a crecer. Es un riesgo admitir los errores o las luchas a los seres queridos, y puede dar miedo admitir estar equivocado, pero sin este tipo de transparencia, una relación está marcada por la distancia, la falta de confianza e intimidad. Y es que con demasiada frecuencia ese es el tipo de relación que existe entre los pastores y sus hijos. Sin embargo, si se admite con consciencia la culpa o el error y se da una disculpa específica, y si además hay un esfuerzo permanente y visible por cambiar, el pastor y el hijo pueden empezar a construir un contexto de gracia entre sí. Es en este contexto donde los hijos de pastores nos podemos sentir seguros de admitir nuestra propia culpa, las luchas y la maldad, porque vemos cómo hay que hacerlo y sabemos cómo se ve alguien a quien perdonan.

Reír, jugar y ser afectuoso

Mi padre es un hombre serio, creo que demasiado serio. Él no es bueno equilibrando el trabajo y el juego, el estudio y la recreación. Aun así, mis mejores recuerdos con él son cuando jugábamos Wiffle ball en el patio, cuando pescábamos en la poza de la abuela, cuando teníamos juegos de béisbol temprano en la mañana con los chicos de la iglesia, cuando me llevaba a caballo y cuando nadábamos en la piscina que estaba cerca de la casa de su papá en Carolina del Sur. Recuerdo que cuando yo jugaba béisbol o fútbol americano él animaba con más fuerza que cualquier otra persona, y además recuerdo que jugábamos en el Parque Elliot, él era 'catcher' y yo como jardinero recogía las bolas que él bateaba. También recuerdo que nos inventábamos nuevos juegos y competencias junto con mis hermanos mayores, simplemente porque teníamos que encontrar una forma de competir. Esos tiempos predominan en mi mente con una claridad cristalina como los mejores momentos que tuve con él. Sospecho que mientras yo crecía él pensó (¿esperaba?) que los devocionales familiares podrían tener el mayor efecto en mí, pero esos momentos de pura diversión sin inhibiciones fueron los que se grabaron en lo más profundo de mi mente.

Para un niño, jugar es sinónimo de amor, y puedo decir que me sentí amado cuando mi padre jugaba conmigo y me llevaba en aventuras. Me sentí amado cuando marché por los bosques de Georgia buscando vestigios de la Guerra Civil o cuando fuimos a pescar mar adentro en la costa de Carolina del Sur. Yo anhelaba esos momentos con él. Es cierto que dejé atrás esos momentos, pero no completamente. Todavía me encanta cuando puedo conseguir que mi padre me acompañe a un partido de béisbol o cuando lo veo jugar con mis hijos con los bloques o al veo-veo.

Los pastores pueden ser un caso serio, inclinados a ser pensadores y organizadores sistemáticos de ideas. Eso es bueno para la elaboración de sermones, pero muy a menudo es inútil con los niños. En realidad, permítame reformularlo. Ese tipo de seriedad es buena para la establecer relaciones con un grupo reducido de personas de cualquier edad. Y si el objetivo es *relacionarse* con la gente, no basta solo con comunicarse de manera efectiva o simplemente pasar el tiempo, el meollo es relacionarse. (Esta verdad se aplica no solo a los niños, se mantiene con las amistades y los cónyuges). Esto significa que hay que conectar con las personas en términos que funcionen para ellas, y con mayor frecuencia es la diversión y el afecto lo que une a las personas. Para algunos, las competencias o ir de pesca es sinónimo de diversión; para otros, una conversación acompañada de café o un juego de mesa es algo divertido. Quizás (para algunos chicos más serios) el compartir el amor por la exploración y el análisis de ideas o lugares es diversión. En el contexto de las relaciones, la realidad es que sin la conexión de la recreación y el juego, el serio mensaje del evangelio se vuelve pesado, seco e indeseable. Ser divertido y afectuoso abre las puertas a las cosas eternas, y hace que las personas se sientan deseadas, bienvenidas y amadas, lo cual crea un contexto para las verdades más importantes.

Tener pasatiempos

Con mucha frecuencia los pastores son apasionados con su ministerio, son tan apasionados que de hecho esa misma pasión se los traga. La pasión pasa a ser la única característica apreciable de sus vidas, y nunca se apaga. Su tiempo libre se convierte en tiempo de estudio, y sin importar lo mucho que les guste estudiar, esto no es bueno para nadie. O quizás el tiempo libre se convierte en una oportunidad para reunirse con personas, aconsejar y conectar, pero también eso se convierte en algo que le consume.

Los pastores necesitan tener un pasatiempo, como el golf, leer ficción, la música, ver fútbol, andar en bicicleta, hacer cosas con madera, algo… lo que sea. Los pasatiempos son oportunidades para apagar la mente, descansar y recargar. Además, son un amortiguador entre el pastor y la adicción al trabajo que afecta a tantas personas en el ministerio.[10] El pasatiempo puede ser social o puede ser en solitario, pero de cualquier manera el aspecto más importante es que hace al pastor más *humano*. Así, el pastor llega a ser capaz de relacionarse con Juan Corriente que está sentado en el tercer banco, porque a Juan le gusta el ciclismo y el fútbol también. Los pastores que entierran sus narices en los libros y estudian todo el tiempo desarrollan intelectos chisporroteantes, producen libros y sermones brillantes, pero son socialmente minusválidos. Los pasatiempos proporcionan oportunidades para que las relaciones sucedan de la forma más natural posible, y eso es un aspecto importante de pastorear y un aspecto aún más importante de ser padres.

No solo Juan Corriente se beneficia de los pasatiempos del pastor, los hijos del pastor también. Cuando los padres tienen intereses y pasiones, terminan involucrando a sus hijos con ellos, y así los padres ofrecen a sus hijos una oportunidad para encontrar y probar cosas nuevas, lo cual crea un punto de conexión entre el padre y su hijo. Mientras crecíamos, mi padre era excelente alentándonos y ayudándonos a mis hermanos y a mí en todo lo que estuviéramos interesados. Siempre estuvo presente en nuestros eventos deportivos o recitales, animándonos con la voz más fuerte (a tal punto que en una ocasión le sacaron una tarjeta amarilla por regañar a los árbitros durante un partido de fútbol de mi hermano mayor). Regularmente después de la cena, él tenía un tiempo para jugar con nosotros, no obstante no había esa sensación de ser involucrados en lo que él amaba, ya que lo que él amaba era estudiar, la teología, escribir y predicar, que no son precisamente pasatiempos para compartir con un muchacho de doce años. Mi amor por el béisbol y los deportes tan solo vino a mí, no fue algo transmitido; mis gustos musicales fueron el resultado de un accidente, no porque mi hogar fuese afecto a la música. Sin embargo, hasta la fecha anhelo compartir un pasatiempo con mi padre, algo tan sencillo como el golf o el senderismo, ya que esas pequeñas cosas tienen grandes significados.

Tener amigos y no solo compañeros ministeriales

Es realmente difícil que la gente conozca a los ministros, ya que las personas saben de ellos pero en la práctica los pastores tienen muy pocos amigos en sus vidas. Los miembros del personal son socios, compañeros en el ministerio, y en el caso de los ancianos y diáconos son gente de apoyo o compañeros de viaje en una causa. Estos grupos pueden convertirse fácilmente en una red muy unida de personas que trabajan en la misma dirección pero que comparten muy pocas cosas en la vida además de la vocación ministerial. Esto tiene un efecto de goteo y crea una cultura pseudorelacional que puede dar forma y dejar cicatrices en el hijo de pastor.

Los hijos de pastores necesitamos ver que nuestros padres se quitan el traje y la corbata y disfrutan de un buen tiempo de risas con amigos cercanos. Tenemos que ver la intensidad de nuestros padres expresada en la predicación, pero también tenemos que ver esa misma intensidad en otras áreas de la vida que no tienen nada que ver con la iglesia, la teología o el ministerio. Tenemos que ver a nuestros padres recurrir a un amigo querido cuando golpea una crisis o el dolor abruma. Necesitamos ver una cultura, aunque sea pequeña, de verdadera amistad. (La iglesia como un todo necesita lo mismo: ver a un pastor que tiene un círculo de amigos que son queridos, honestos, que cuidan, y testarudos.) De lo contrario, nos volvemos personas atrofiadas socialmente y lisiadas relacionalmente que tienen luchas para ser honestos y depender de otros cuando necesitamos ayuda, consuelo y dar cuentas.

Con los años he luchado con esto. Dios me ha dado algunos de los mejores amigos que una persona podría pedir, y no los traté como los amigos merecen. No he sido honesto con ellos, y los mantuve a distancia en áreas de mi vida que eran sensibles, feas o podridas. Y este patrón desempeñó un papel importante en mis grandes luchas y caídas más bajas. Tenía amigos listos y dispuestos a ayudarme, a cuidar de mí o a confrontarme si fuera necesario, y no los dejé entrar. En cambio, esas áreas de mi vida donde no les permití entrar se infectaron, se pudrieron y se convirtieron en algo repugnante. Y al final necesité de esos mismos amigos para que me ayudaran a recuperarme de las heridas autoinfligidas o las heridas de la disciplina como consecuencia de mis propios pecados.

Permítame cuestionar e incluso divagar

La mayoría de pastores son gente teológica, predicadores de la Palabra, con la tarea de llevar a personas a Jesús y de cuidar de esas almas, lo cual pone una enorme cantidad de presión sobre ellos y en sus hogares también. ¿Qué es lo que refleja un niño que se porta mal, se rebela o explora otras creencias? ¿Qué pensaría la gente si un hijo de pastor no está seguro de lo que dice la Biblia, o de la verdad que sus padres tienen como tarea defender públicamente? El problema es más que la presión externa, es un conflicto interno. Los pastores ejercen sus funciones y enseñan con una convicción profunda, y por eso el que un hijo se aleje de esa convicción o tenga un choque con esa convicción genera una ruptura en la relación. De hecho, algunos pastores están tan definidos por su teología que salirse de ella, y no me refiero a dejar la fe, significa levantar una barrera que solo puede ser superada volviendo a estar de acuerdo en todo.

Esto es un horrible desastre para los hijos de pastores. Por todas las razones que he expresado en los capítulos anteriores, somos propensos a desviarnos y a sentir la presión de estallar. Y al igual que todas las generaciones, somos impulsados a encontrar nuestro propio camino en el mundo: en la fe, en el trabajo, en la identidad. Nosotros no estamos exentos de eso, pero nuestros padres están opuestos de manera extraordinaria a nuestra exploración. Pareciera una mancha en su ministerio o en su modo de educarnos, y además es una amenaza para su posición en el ministerio y en el estatus que tienen ante los ojos de aquellos a quienes lideran. De hecho, esas son presiones reales (aun con lo absolutamente ridículo y equivocado que es).

Nosotros necesitamos espacio para explorar, y no me refiero a que todos los límites y los esfuerzos de nuestros padres deben dejarse de lado, lo cual sería muy tonto de nuestra parte. Lo que necesitamos es espacio emocional y relacional para ser *diferentes*. Yo necesito poder presentarme delante de Dios de forma diferente a como lo hace mi padre, necesito poder expresar mi fe de manera diferente sin ser corregido o desestimado. Yo necesito tener libertad para dudar y hablar sobre esas dudas sin recriminación y no tener que saber todas las respuestas. Necesito equivocarme y luego encontrar lo que es correcto sin que mis padres se desahoguen ni hagan intrusiones en mi vida. Y sobre todo necesito una relación con mis padres que sea más profunda que las particularidades teológicas, y las decisiones sobre el estilo de vida. En resumen, necesito que el amor de mis padres sea tan profundo que sin importar cuál sea el estilo de vida o la teología que yo escoja, la relación se mantenga firme. Esto no es lo mismo que validar todos los estilos de vida o decisiones, tan solo significa amar a toda costa sin importar nada. Los pastores necesitan saber que la exploración o el divagar de un hijo, en la mayoría de los casos, no es un esfuerzo para lastimarlos, tan solo es una búsqueda honesta de identidad, verdad y vida.

Deme los materiales y déjeme construir

Yo vivo en los suburbios de Chicago donde, como en muchas áreas suburbanas, hay cientos de desarrollos urbanísticos con casas producidas en serie. A medida que usted circula por las calles que han sido planeadas de antemano en estas urbanizaciones y ve el beige, el gris, y el blanco de las casas rodeadas de árboles jóvenes y el abono fresco, se obtiene un agudo sentido del orden y la igualdad. Estas casas fueron diseñadas con el mínimo ingenio y la máxima eficiencia posible. Los materiales utilizados fueron ordenados a granel y fueron armados de acuerdo con el mismo plano en todas las casas del vecindario. Las calles son serpenteantes y están equipadas con callejones sin salida para que el desarrollo se vea más como un barrio en lugar verse como una planificada parcela de hogares. La mayoría de estas casas son confortables y agradables para vivir, pero son realmente *aburridas*.

Con frecuencia, la fe que se transmite a los hijos de pastores es como esos desarrollos habitacionales: producida en serie, sin creatividad, planificada y de construcción barata. Nosotros los hijos de pastores vivimos ahí por un rato hasta que descubrimos que fuera del desarrollo habitacional hay mundos completos que están llenos de cultura, creatividad, expresión e ideas.

Estos mundos son maravillosos y confusos para nuestros alineados corazones, y de pronto no vemos cómo la fe prefabricada puede encajar en nuestras vidas. Por eso tantos hijos de pastores abandonan la fe que han tenido para ir a vivir a un edificio de apartamentos de ladrillos de otras creencias o al apartamento de la creatividad que está a una gran altura.

Necesitamos los mejores materiales posibles, los más fuertes y los de mejor calidad, para pensar y creer. No necesitamos una fe prefabricada, por el contrario necesitamos aprender y tener los mejores materiales para construir una fe fuerte que se pueda mantener en pie en cualquier contexto. Necesitamos que nos enseñen a desarrollar destrezas en lugar de que nos den un grupo de ideas en las cuales vivir. Necesitamos que nos entreguen herramientas y que nos enseñen a utilizarlas de tal manera que cuando nos topemos con materiales como el arte, la música, las películas, los deportes, el trabajo o las relaciones, sepamos cómo utilizarlas para fabricar un hogar que sea fuerte y bueno.

Muy pocos hijos de pastores se alejarían de la fe si tuvieran esa libertad de salir de la versión de fe de sus padres. Si pudiéramos construir una casa de fe que encaje con nuestro contexto y nuestros dones, nos sentiríamos en casa en la fe. Sin embargo, a menudo estamos estancados en una casa prefabricada de fe y nos dejan en un contexto donde esa casa no encaja o se cae a pedazos. Entonces no queda ningún hogar de fe. Por eso, entréguennos las herramientas y los materiales para construir en cualquier momento y en cualquier lugar.

Tan solo queremos tener padres

No sé si existe algo como "una vida normal" pero si existe, eso es lo que los hijos de pastores quieren. Eso significa que deseamos padres que estén dedicados a la familia, que sean divertidos y nos enseñen, y que estén disponibles para nuestras preguntas y lágrimas. Eso también significa que deseamos tener una relación con nuestros padres, no queremos citas con ellos. Queremos ser libres para discrepar y también para respetarlos. Y queremos lo mismo de parte de ellos.

Esto también significa que no deseamos padres perfectos, o más bien no esperamos que sean perfectos. Deseamos padres a quienes les importe lo suficiente la familia como para intentarlo y que admitan cuando no tienen éxito. Yo soy padre de familia y sé que es *difícil.* Yo necesito de la gracia de Dios (mucha gracia) al igual que mis hijos. De igual manera los pastores necesitan de esa gracia, quizás más que yo. Todo lo que les he pedido a los pastores en este capítulo no es con la intención de generar una carga, sino más bien un objetivo, un nivel. Es un retrato correctivo, es una imagen de lo que una buena relación entre hijo del pastor y sus padres podría ser. Estas relaciones se disparan cuando los pastores confunden la familia con la iglesia.

En el siguiente capítulo veremos la relación entre el pastor, la iglesia y el hijo del pastor. Por ahora, la conclusión es la siguiente: los hijos de pastores desean tener padres. La mayor virtud que un pastor puede mostrarles a sus hijos no es ser un pastor magnífico, es ser un padre que invierte todo en su familia, se preocupa profundamente por ella y lo muestra lo mejor que puede.

Capítulo 7

PADRES PARA SU CONGREGACIÓN

> "Creo que es duro ser extremadamente bueno en ambas tareas [padre de familia y pastor] debido a que ser bueno en las dos cosas significa tiempo y energía."
>
> —Tyler Braun, hijo de pastor

La cultura de la iglesia estadounidense ha creado una doble norma para los pastores. Se espera que los pastores sean líderes dinámicos, maestros, consejeros y cabezas organizacionales. Y además de eso, uno de los requisitos para el puesto es que también sean hombres de familia dinámicos. Estas dos demandas no estarían en disputa a no ser porque ambas rebasan en mucho la realidad. Se espera que los pastores sean hombres superiores en estos dos roles, aun cuando los mismos están en desacuerdo.

Es muy fácil decir: "Cualquier buen pastor es un buen padre." Esta frase lo que significa en realidad es que el pastor depone y delega ciertas responsabilidades pastorales por el bien de su familia, ya que para ser un buen padre, el pastor debe necesariamente sacarse a sí mismo de algunas demandas de su labor pastoral. Para ser un buen padre, él no puede pastorear la iglesia como se espera que lo haga; como dijo Mary Poppins: "prácticamente de manera perfecta en todo". En lugar de eso, debe tener primero identidad de padre, por el bien de su familia y de la iglesia. La iglesia necesita ver a cada pastor antes que nada como un hombre de familia y luego como pastor, y su familia también necesita verlo así.

Por supuesto que este es un enorme reto y se ve de manera diferente en circunstancias diferentes. El solitario pastor de una iglesia de ochenta personas podría sentir que no tiene a nadie en quien apoyarse. Un pastor que lidera un equipo de ochenta personas en una mega iglesia podría sentir que la máquina se va a derrumbar si él no está para dirigirla. Sin embargo, el reto de ser primeramente un hombre de familia se aplica a ambas tareas, y es tan esencial para una labor como para la otra. Cuando digo que esto es un reto, de verdad considero que es un desafío complejo y duro.

Cuando un pastor pierde su identidad y el pastorear se convierte en el factor de identidad primario, se genera una ruptura entre la iglesia y la familia. El hijo de pastor empieza a ver a la iglesia como su rival con respecto al tiempo y la atención de su padre. Vemos al ministro dar lo mejor a otras personas y derramando su pasión en sermones, visión, estrategias y reuniones. Entonces lo que nos quedan son las sobras, y cuando esto sucede, mientras él parece ser un pastor maravilloso, es un fracaso de padre.

Al otro lado de este distanciamiento se encuentra la iglesia. Aunque sus miembros puede que sientan que obtienen exactamente lo que necesitan del pastor, lo que en realidad están recibiendo es a un hipócrita, sea de modo intencional o accidental; y ellos están demandando y empoderando esa hipocresía. Lo que la iglesia realmente necesita es un pastor que deje todo lo demás por su familia cuando una crisis golpea (o de manera ideal, a tiempo para evitar una), que de manera regular tenga tiempo para los miembros de su familia y les dé lo mejor de su energía.

Se requiere de tiempo y de un liderazgo fuerte para que los pastores puedan llegar al punto donde tengan disponibilidad para sus familias. La iglesia necesita ver que están mejor cuando tienen un pastor que es un buen padre; semejante cambio requiere paciencia, y además es probable que provoque frustración en ambos lados. Thom Rainer, el presidente de LifeWay, una vez hizo un sondeo entre los diáconos de una iglesia que él pastoreaba, donde les preguntó cuántas horas esperaban que él dedicara a once áreas diferentes del ministerio. Cuando reunió la información, el resultado fue que esperaban que él dedicara 114 horas semanales.[11] Darryl Dash, un pastor y bloguero, también abordó el tema de lo que se esperaba de un pastor, y el resultado fue que los miembros de la congregación esperaban que el pastor trabajara el equivalente a la suma de las horas de trabajo de los miembros de la congregación, más el tiempo de desplazamiento y las horas de voluntariado, teniendo como resultado 65 horas semanales.[12] Así que es fácil ver que guiar a una iglesia a tener expectativas más razonables y bíblicas requerirá trabajo y paciencia. Sin embargo, esta debe ser la meta y debe alcanzarse poco a poco, ya que aunque no lo sepan, cuando los miembros de una iglesia demandan tener al pastor "prácticamente perfecto" ellos mismos se están preparando para la decepción, además de que lo están dañando a él y a su familia, a veces de modo irreparable.

El pastor deber ser un padre todo el tiempo: en el púlpito, en la sala de juntas, en la oficina, en las Ligas Menores de béisbol, en la cena, y al lado de las camas de sus hijos. Tanto la iglesia como su familia necesitan ver su dedicación a la paternidad y a la familia. Los hijos deben ser más que ilustraciones en los sermones, necesitan ser honrados y tratados con cariño ante la congregación. Por supuesto que algunos chicos prefieren que los dejen completamente fuera de los sermones, y eso está bien, siempre y cuando la iglesia sepa sin duda alguna que el pastor ama a su familia más que nada en el mundo. Esto ayudará a aliviar la rivalidad que existe entre el hijo de pastor y la iglesia (ya hemos visto qué tan contenciosa puede ser esta relación). Eso establecerá un tono en la iglesia de cálida paternidad y compromiso con la familia, lo cual es un ejemplo para que todos sigan y además es lo más saludable para todos los involucrados.

Coherencia: ¿un rasgo positivo?

La coherencia es casi sinónimo de confiabilidad, y amamos poder confiar en las personas. Tales términos se consideran características buenas y positivas, ya que tienen la connotación de confianza y estabilidad, lo cual es justo lo que queremos de un pastor, ¿verdad que sí? Claro, si el pastor es *bueno* de manera coherente. La coherencia en sí misma no es una cosa que se busque, a menos que en lo que uno es coherente sea un beneficio.

La razón por la cual traigo esto a colación es porque a menudo es bien visto que un pastor sea una persona coherente, tanto al tratar con los miembros de la iglesia como al tratar con los miembros de su hogar. Muchas veces las personas se preguntan cómo era mi papá en la casa; en realidad, lo que están preguntando es si la persona apasionada en el púlpito que tiene fuerte opiniones incisivas sobre la cultura y la moral, y que además tiene una rigurosa teología, es la misma persona cuando está solo con su familia. ¿Él es coherente? En otras palabras, quieren saber es si él es un hipócrita.

La habilidad que él tenga para ser la misma persona en los dos ámbitos se considera un buen rasgo, ya que significa que no es un hipócrita, y eso es lo que valoramos de la coherencia. Deseamos un líder que se mantenga en lo que enseña y que lo crea bajo cualquier circunstancia. Pero esta es la única cara de la coherencia que deseamos, porque lo que realmente significa para un pastor ser coherente de verdad es que sus debilidades sean igualmente obvias tanto en la iglesia como en el hogar. ¿Es eso lo que la iglesia quiere? ¿Puede la iglesia manejarlo?

En casa, el pastor podría ser distante con sus hijos, sin empatía o un adicto al trabajo; o quizás tiene un problema de irascibilidad o es áspero con su esposa. Tal vez no sabe escuchar a otros y relacionarse con sus hijos, o quizás ni siquiera lo intenta. Quizás él se ve a sí mismo como el proveedor y nunca ayuda con los quehaceres de la casa. El pastor puede esconder todos estos rasgos en la iglesia porque la naturaleza del trabajo lo mantiene moviéndose de una tarea a otra, y en realidad él es esencialmente un predicador, ¿verdad? El ministerio de la predicación puede estar ardiendo brillantemente, mientras todas esas otras debilidades se encuentran a fuego lento de fondo. Muchas iglesias se encuentran cómodas con esta situación porque no se percatan de la dicotomía que han ayudado a establecer entre la iglesia y el hogar.

El pastor necesita tener el tipo de coherencia, que de paso es la mejor para su familia, en la que muestra la misma cara ante la iglesia y la familia, lo cual parece imposible. Todas las familias ponen su mejor rostro en público y tienen situaciones en la casa que nadie conoce, entonces ¿por qué deberían ser diferentes los pastores? Porque para que la iglesia sea un lugar de sanidad y seguridad tanto para los pecadores como para los que hacen desastres, la iglesia necesita ser un lugar de vulnerabilidad y apertura, lo cual viene a través del liderazgo: del pastor.

Por el lado de la familia, los hijos de pastores conocemos los pecados y las fallas internas y externas de nuestros padres, y ver a la gente adorándolos como algo que no son lleva a nuestras emociones a oscilar entre lo nauseabundo y el endurecimiento de corazón. Anteriormente escribí sobre la necesidad de que los pastores sean transparentes con sus hijos, abordando sus propios pecados, pidiendo perdón, admitiendo los errores, siendo reales, y es igual de importante que suceda lo mismo en la iglesia. Todos en la iglesia deben ver la disposición del pastor a abrirse y ser real y vulnerable, un pecador. Esto no significa que le tienen que contar todas sus cosas a todo el mundo, pero ayuda a establecer un tono de confesión, autenticidad y honestidad como líder. Los pastores no pueden permitir que las personas piensen de ellos algo que no es verdad; eso es malo para todos.

Cuando vemos a nuestros padres que de manera coherente se presentan como pecadores, pecadores que cometen pecados *reales*, eso nos ayuda a crear un puente entre la labor pastoral y los hijos de pastores, entre la iglesia y la familia pastoral. Cada vez que vemos a nuestros padres pedir perdón a un miembro de la iglesia o a toda la congregación, eso ayuda. Cada vez que vemos a nuestros padres admitir un error, eso ayuda. Y si sobre todo eso vemos a nuestros padres abordar las expectativas incorrectas que se colocan sobre los pastores, eso ayuda, porque nos damos cuenta de que son conscientes de la situación y que no consienten o aceptan dichas expectativas.

No hay refugio para esta tormenta

Uno de los errores más comunes que los pastores cometen en la relación entre iglesia, ministerio y familia es tratar de proteger a sus hijos. Lo diré sin rodeos: eso no es posible. No hay un lugar donde los hijos de pastores se puedan refugiar del ministerio pastoral y de las cosas que suceden en la iglesia. Claro que los pastores pueden y tienen que mantener los asuntos privados de manera confidencial, y no deben compartir en exceso cosas con la familia. Pero tratar de proteger a los hijos de pastores del ministerio es tratar vivir una doble vida, y eso no va a funcionar.

Nuestra cultura demanda conectividad y trabajo ininterrumpidos en casi cualquier tipo de empresa. Las expectativas laborales han cambiado de ser trabajos de nueve de la mañana a cinco de la tarde, a ser algo así como "responda inmediatamente los correos electrónicos." Los teléfonos inteligentes y el correo electrónico mantienen a las personas conectadas al trabajo todo el tiempo, pero no tiene que ser así. En la mayoría de empresas, las personas pueden dejar cantidades considerables de trabajo en la oficina. Los artesanos y artistas pueden dejar el trabajo en el taller o el estudio, también los mecánicos pueden dejar el trabajo en el taller mecánico. En realidad, casi todas las profesiones que no tienen un puesto de respuesta inmediata a llamadas pueden dejar de lado las labores por un rato. No digo que sea sencillo, pero se puede lograr. El trabajo tiene tal forma de meterse en nuestras cabezas y corazones que se vuelve un ídolo y algo que nos da identidad. Sin embargo, con disciplina podemos ponerlo de lado. No obstante, esta misma verdad no aplica a los pastores.

Los buenos pastores tienen ministerio *en* sus hogares, ya sean eventos sociales, consejería o dar cobijo a alguna persona en necesidad. (Por supuesto que esos pastores que ven el hogar como un lugar de ministerio probablemente tampoco vean la necesidad de proteger a sus hijos del ministerio). Cuando el ministerio cruza el umbral de la casa, los padres ya no pueden proveer protección para sus hijos. El ministerio pastoral sí radica en ministrar la Palabra, pero también debiera ser un ministerio de relaciones. Es una red de personas que van desde el personal hasta los ancianos, desde los diáconos hasta los fieles y la comunidad, siendo esta comunidad la misma donde los hijos de pastores viven, socializan, tienen relaciones y conflictos. No hay modo de proteger a los hijos de pastores de eso.

> "Muchos pastores sienten la necesidad de 'proteger' a sus familias de la iglesia, en lugar de llevar las familias a invertir sus vidas en ella."
>
> —Jon Stepan, hijo de pastor

No importa qué tan grande sea el parachoques que el pastor intente poner entre sus hijos y la iglesia, pues no sirve de nada. La gente sigue dando opiniones, y hace preguntas precisamente sobre las cosas de las que el pastor intentaba proteger a los hijos de pastores. Comentarios no solicitados sobre sermones y decisiones encuentran su camino hasta los oídos del hijo de pastor, o páginas de Facebook o comentarios en Twitter. Así es como las comunidades de personas trabajan.

La respuesta a esta realidad no es refugiarse, sino involucrarse. Los hijos de pastores no pueden ser parte de las decisiones ministeriales, y les garantizo que la mayoría no quiere sentarse a preparar un sermón. Pero el ministerio pastoral es un ministerio de personas, y los hijos de pastores son parte de esa comunidad de personas. Así que los pastores deberían participar con ellos y hacerles preguntas. Cuando surjan problemas, en lugar de reprimirlos deberían discutirse tomando en cuenta el conocimiento y la edad del hijo del pastor. Cuando los hijos de pastores saben que han surgido preguntas o desafíos, inclusive cuando ellos mismos son los que generan las preguntas, los pastores deben abordar estas situaciones con sus hijos. Y en todo momento, los pastores deberían ser honestos con sus hijos sobre los retos del ministerio con personas y cuan caótico puede ser.

Al igual que en todas las áreas de la educación, las cosas se pueden abordar dependiendo de la preparación y receptividad del niño. Los pastores deben considerar las edades de sus hijos y sus niveles de madurez antes de ahondar en cosas difíciles.

No obstante, aún los niños pequeños pueden ser parte de muchas conversaciones sobre cosas difíciles de la iglesia. Siempre habrá momentos de dolor, heridas y decepciones, y no hay refugio para eso, así que los pastores deberían analizar esas situaciones *con* sus hijos.

Expectativas justas

Si existe una doble moral para los pastores y si existen muchas cosas que no funcionan en la relación entre la iglesia, el pastor y el hijo de pastor, ¿cuáles serían unas expectativas justas? y ¿qué deberíamos esperar de cada quién? En el capítulo 3 vimos las expectativas injustas que existen para los hijos de pastores, y hemos visto algunas de las expectativas injustas que están sobre los pastores. En esta relación de tres vías cada miembro se enfrenta a retos y expectativas diferentes; y a menos que los tres hagan progresos importantes en estas áreas, la relación cae en un crecimiento disfuncional.

La iglesia

La iglesia, y al decir iglesia me refiero tanto a la iglesia en general como a los cuerpos locales, debe pedir las cosas correctas a los pastores, y *no* debe pedir las cosas incorrectas. La iglesia debe dejar de esperar, ya sea de manera tácita o explícita, que los pastores personifiquen la perfección en cada área. Se debe dejar de esperar que los pastores sean expertos en sexualidad, finanzas, organización, liderazgo, consejería familiar, mantenimiento de edificios, música, salud mental y todos los otros retos que una iglesia enfrenta. Ese tipo de expectativa alimenta el ego del pastor y aplasta el alma de otro.

En su lugar, la iglesia debe crear una expectativa de aceptación, y aceptar que el pastor es un ser finito y falible. La iglesia debe aceptar que el pastor comete errores, y aceptar cuando él admita que los comete. La comunidad debe aceptar que el pastor no tiene tiempo para todas las personas y nunca lo tendrá. Se debe aceptar que su familia es más importante para él que los miembros de la iglesia, y más allá de aceptar todo esto la iglesia debe hacerle saber que eso es lo que se *espera* de él.

La iglesia, ya sea que lo sepa o no, no quiere un pastor que se vea a sí mismo como un experto, que además tiene miedo o no es capaz de admitir que comete errores, y que se entrega a la iglesia antes que a su familia. En lugar de eso, la iglesia quiere un pastor que muestra su humanidad en el púlpito y en sus relaciones, alguien que es veraz con respecto a sus debilidades y que establece un ejemplo de humildad de palabra y de hecho. Esto no significa que él no es un líder, significa que no es un potentado o un presidente ejecutivo. En cambio, él es un líder por el ejemplo, mostrando arrepentimiento, valores, moralidad, gracia y la necesidad de ella, además de amor hacia todos, en especial hacia su familia. Esto es lo que la iglesia quiere y necesita.

El pastor

A lo largo de los seis primeros capítulos de este libro he derramado expectativas sobre el pastor, especialmente en relación con sus hijos, así que no hay necesidad de repetirlas. También describí las expectativas no bíblicas, injustas y culturales que el pastor lleva. Se debe esperar mucho de los pastores, y mucho de lo que se ha puesto sobre ellos no se debería esperar. En lugar de ser personas súper influyentes, simplemente deben esforzarse por ser padres misericordiosos y líderes humildes, sin importar cuán difícil sea o cuántas veces fallen.

Así como la iglesia no debe esperar cosas equivocadas del pastor, el pastor no debe permitir que las expectativas equivocadas de la iglesia lo cambien a él. Es difícil cambiar una cultura y toma tiempo; la iglesia no va a cambiar rápidamente, así que el pastor debe responder con convicción firme, temple y constancia. El pastor debe mantener y expresar su compromiso con la familia y la gracia. En el caso de muchos pastores, esto significa que intencionalmente deben hacerse más pequeños ante los ojos de la congregación. Los pastores deben declarar su humanidad y la posibilidad que tienen de cometer errores, no en exceso pero de manera real. Deben actuar como Pablo y Bernabé cuando los hombres de Listra los adoraban como si fueran dioses romanos; ellos se metieron en medio de la gente y declararon: "Varones, ¿por qué hacéis esto? Nosotros también somos hombres semejantes a vosotros." [13] Todo el tiempo, el pastor debe mantener presente que él es igual a su pueblo

Por último, al pastor le haría bien pensar en todo lo que su familia sabe sobre quién es él realmente y debería actuar de manera coherente. ¿Conocen los hijos conocen su irascibilidad? ¿Los ven actuar fielmente de acuerdo a la Palabra? ¿Lo ven como un hombre afectuoso con su esposa? O quizás saben sobre sus chismes sobre miembros de la iglesia y las quejas sobre los comités de líderes. La familia del pastor es una prueba de fuego importante para las áreas de la vida que necesitan confesión, perdón, arrepentimiento y crecimiento, así como también sobre las áreas saludables y fuertes. En resumen, la esposa del pastor y sus hijos conocen a la persona auténtica, y si él escoge presentarse a sí mismo como algo diferente ante el ojo público, eso crea un distanciamiento entre la familia y la iglesia.

El hijo del pastor

Así como las iglesias y los pastores tienen la responsabilidad de hacer cambios, los hijos de pastores tampoco están exentos de asumir su parte. Es muy fácil asumir la posición de víctima y demandar que todos los demás arreglen nuestros problemas. Es cierto que los desafíos que los hijos de pastores afrontan son reales, y sí es cierto que hay muchos pastores e iglesias que han creado un ambiente dañino para nosotros. Sin embargo, en el momento que reconocemos nuestras dificultades, debemos asumirlas y tomar medidas para cambiarlas sin importar quién tenga la culpa. Esto es especialmente cierto en un contexto de relaciones donde no existen calles de una sola vía, y es incluso más cierto en un contexto donde todos son pecadores que han lastimado a otros y todos necesitan de la gracia de Dios. Entonces ¿qué es lo que los hijos de pastores deben hacer en lugar de revolcarse como víctimas?

Nosotros tenemos que ser amables y pacientes, misericordiosos y perdonadores. La gente no cambia rápidamente, y en muchos casos las personas tienen problemas incluso para reconocer su parte en el asunto que nos ha generado dificultades. Las culturas de las iglesias no cambian rápidamente, así que habrá oportunidades continuas y necesidad de perdonar. Si nos permitimos caer en la amargura o no perdonamos, no solo fallaremos en ser como Cristo, sino que también cerramos la puerta a la oportunidad de sanar relaciones. Definitivamente no podemos renunciar a la gracia. La gracia de Dios nunca se ha agotado para nosotros, y de la misma manera que la recibimos hemos de darla sin importar cuán grave haya sido la herida, o cuán molesta sea la relación. Se nos ha perdonado mucho como para dejar de perdonar a otros.

Otro de los desafíos más grandes que los hijos de pastores tienen es ser francos sobre las frustraciones y heridas. Esta falta de franqueza usualmente no se da por deshonestidad, sino más bien porque pensamos que las personas no nos comprenderán o, en un nivel más profundo, porque no hemos podido clasificar cuáles son. Esa es una de las razones por las cuales escribí este libro, para ayudar a los hijos de pastores a darle sentido, ordenar y expresar esas frustraciones y dolores embotellados. Lo que sucede muy a menudo es que las frustraciones y el dolor *se* embotellan y se reprimen hasta que nos sacuden lo suficiente como para que la tapa salga volando y la herida sea esparcida por todas partes. En lugar de eso, nosotros debemos, y reitero, *debemos* hablar sobre lo que nos hace la vida difícil, principalmente con nuestros padres. Estas conversaciones pueden ser miserables y pueden herir a nuestros padres, además con frecuencia nuestros padres no quieren asumir la responsabilidad o son incapaces de ver el rol que han jugado en todo eso. No obstante, esas no son razones para renunciar a hablar sobre las dificultades, ya que precisamente esas conversaciones son las que dan inicio a la sanidad y crean una oportunidad para el perdón y la restauración. Por otra parte, ayudan a nuestros padres para que puedan ver en qué deben crecer. No puede haber sanidad en el hogar o la iglesia sin la humilde disposición y valentía para hablar de nuestros problemas.

La última cosa que los hijos de pastores deben recordar es que todas las iglesias generan frustración. Las iglesias son grupos de personas pecadoras que creen en lo mismo y que están tratado de ir en la misma dirección. Semejante empresa está cargada de errores, heridas, estupidez y frustración. Durante mi vida he sido miembro de cuatro iglesias diferentes, y todas ellas me han generado frustración por diferentes razones. Sencillamente no existe una iglesia perfecta, pero esa no es una razón para abandonar la iglesia ya que a pesar de su fealdad y quebrantamiento, la iglesia es el lugar donde sucede la sanidad. Sí es cierto que es el lugar donde se dan muchas de nuestras heridas, pero ¿no es también así la familia? Ellos te lastiman y usted lastima, y aun así usted los sigue amando y haría cualquier cosa por ellos. La iglesia es nuestra familia, es la familia que Dios nos dio, así que no se dé por vencido. No hay un mejor lugar que la iglesia para ser restaurado.

Capítulo 8

¿PARA QUÉ SON BUENOS LOS HIJOS DE PASTORES?

No te preocupes; no todo son malas noticias para los hijos de pastores. Yo sé que así parece, y en parte ese era el objetivo de escribir este libro: señalar las cosas difíciles que los hijos de pastores afrontan. Pero no creo que los hijos de pastores sean causas perdidas o que nuestro caso no tenga esperanza. Las luchas de los hijos de pastores no son una especie de condena de la fatalidad o trágica profecía que se cumple por sí misma. No, son un proceso. Para algunos hijos de pastores este proceso no tiene un final feliz, pero para muchos, es el largo y sinuoso camino a un lugar de relación fuerte y feliz con Dios y de un servicio significativo que muestra a Jesús a otros.

Sé que esto es cierto debido a mi propia historia de fracasos, pecado, redención, fracasos de nuevo y de recibir redención otra vez, y finalmente la conciencia de un Dios cuya gracia es mayor que todo mi pecado, y mayor que cualquier problema que tenga por ser un hijo de pastor. Sé que es cierto debido a la cantidad de hijos de pastores con los que me relacioné durante la redacción de este libro, cuyas historias son de lucha, redención y ahora servicio a Jesús. Y a partir de esas historias he visto tres maneras en que los hijos de pastores son bendecidos de una manera única.

Los bloques de construcción bíblicos

No todos los hijos de pastores tienen el beneficio de padres que enfatizan las Escrituras, porque lamentablemente no todos los pastores toman la Palabra de Dios de manera seria. No obstante, por lo general los hijos de pastores crecen en hogares saturados de la Biblia. Anteriormente en el libro describí cómo tanta saturación puede hacer que la Biblia se vuelva algo meramente memorístico y aburrido para los hijos de pastores, y eso es cierto. También describí que con frecuencia los hijos de pastores están en desacuerdo con sus padres sobre cómo interpretar o aplicar las verdades bíblicas; pero ni lo memorístico ni los desacuerdos pueden cambiar el simple hecho de que siempre es bueno conocer la Palabra de Dios, y los hijos de pastores tienen la oportunidad más allá que casi cualquier otra persona para hacerlo.

Las enseñanzas bíblicas que los hijos de pastores reciben en casa proporcionan bloques de construcción que usualmente no nos percatamos que tenemos. A los dieciocho años dejé mi hogar en Minnesota para ir a la Universidad de Wheaton en Illinois. Esta universidad tiene una larga tradición de ser un lugar incondicionalmente evangélico con una base bíblica firme. De este centro de estudios han salido algunas de las figuras evangélicas más importantes del siglo pasado, hombres como Billy Graham, Jim Elliot, y el expresidente de la Cámara de Representantes Dennis Hastert. La universidad tiene la reputación de ser una institución sólida académicamente que posee un cuerpo estudiantil agudo y cuidado. Por eso, cuando llegué allí esperaba encontrarme con un montón de eruditos bíblicos, compañeros estudiantes que conocieran sus Biblias de tapa a tapa. Cuál fue mi sorpresa al encontrarme que muchos de esos niños buenos cristianos, que fueron criados por sus piadosos padres, simplemente no conocían sus Biblias tan bien. Entonces me di cuenta de la gran oportunidad que tuve de haber crecido inmerso en las historias y enseñanzas de la Biblia de tal manera que a pesar de que me faltara mucho por aprender sobre interpretación y teología, por lo menos yo sabía lo que las páginas de la Biblia decían.

Estos bloques de construcción pueden estar ocultos en nosotros pero lo realmente importante con respecto a la Biblia es que es "viva y eficaz" e "inspirada por Dios."[14]El que los hijos de pastores estén llenos de contenido bíblico, aun cuando no tengan pasión alguna o comprensión, coloca las piezas en su lugar para que Dios construya algo más adelante. Para mí, esto ha sido continuo. Cuando estuve en la universidad comencé a ver las Escrituras como algo más que un libro devocional: como la historia de Dios de redención.

Después de la universidad perdí de vista esta verdad y tropecé en la vida, y cometí algunos errores significativos. Fue entonces cuando la fealdad y el horror del pecado me miraron cara a cara y vi las consecuencias de caminar lejos de Dios. Vi cómo el pecado lastima a las personas: compañeros de trabajo, mi esposa, mis hijos, mis amigos, mi iglesia.

Pero también fue el momento donde todas las realidades del perdón y la gracia se hicieron reales en mi vida. Vi a Jesús de una manera real, como el cordero que se sacrificó y murió en mi lugar, y como el sumo sacerdote que habla con el Padre en mi nombre. La locura es ¡que nada de esto era nuevo para mí! Pero se volvió vivo; todo el conocimiento estaba ahí, y entonces Dios hizo que cobrara vida para mí. Esa es la bendición de estar sumergido en la Escritura.

Una preparación única para el ministerio

La labor ministerial no tiene que referirse necesariamente al ministerio pastoral en particular; podría significar trabajar para un ministerio paraeclesial o de apoyo (como la publicación, que es donde yo trabajo), o simplemente el estar involucrado activamente en la iglesia o en el ministerio a la comunidad. Mientras me preparaba para escribir este libro, me conecté con decenas de hijos de pastores alrededor del país, y una de las cosas que más me sorprendió fue el número de ellos que había encontrado su camino de vuelta a la vocación ministerial. Con todas las frustraciones de ser un hijo de pastor, cualquiera podría pensar que todos huirían del ministerio, pero no. ¿A qué se debe? A que los hijos de pastores han recibido una gran cantidad de preparación para el ministerio ya sea que lo sepamos o no, lo queramos o no en el momento.

Hemos visto lo que otros no han visto

Los hijos de pastores tienen una posición ventajosa en el ministerio pastoral. No, nosotros no somos parte de todas las reuniones o las sesiones de consejería, pero vemos al pastor en cada área del ministerio de una forma sin precedentes. Por supuesto que la mayoría de nosotros no estamos pensando en eso mientras crecemos, en ese momento solo queremos sobrevivir. Sin embargo, durante el camino vamos absorbiendo todo tipo de lecciones y realidades por medio de la simple observación y la proximidad.

Nuestra exposición a los altibajos del ministerio nos hace tener una percepción sobre el mismo más real. Hay demasiados seminaristas ansiosos que se dirigen hacia el ministerio listos para, como el difunto Chris Farley dijo de manera elocuente, "¡agarrar al mundo por la cola, envolverlo, tirar de él y meterlo en el bolsillo del pantalón!"[15] Ellos saben muy poco sobre las luchas y las adversidades que les esperan. No obstante, eso no es un problema para los hijos de pastores, ya que todos nosotros hemos visto a nuestros padres pasar por las aguas profundas de la iglesia. También los hemos visto batallar para sobrevivir al liderazgo fracturado de una iglesia y divisiones en la iglesia. Sabemos que el ministerio puede ser difícil y desagradable. Para los hijos de pastores, el ministerio perdió ese brillo etéreo de falsas expectativas hace mucho tiempo, y por eso tendemos a no ser sorprendidos por las luchas de quienes están en él. Después de todo, hemos visto las luchas en nuestros propios hogares.

La otra cara de esta moneda es que hemos visto los placeres del ministerio; y no me refiero al placer del pastor que recoge las alabanzas de una congregación después de un sermón particularmente bueno. Me refiero a los placeres de esos pequeños momentos: ayudar a restaurar un matrimonio destrozado, orar con una viuda que tiene el corazón roto, servir al desposeído que toca a la puerta. Me refiero a esos momentos cuando vemos la hermandad del equipo de trabajo de una iglesia unida o del liderazgo; estoy hablando de la profunda satisfacción llena de humildad que existe al ver que Dios usa un ministerio que ha sido fiel a lo largo del tiempo para enderezar el barco de una iglesia que se hunde. Los hijos de pastores están al tanto de eso y lo están absorbiendo aun sin darse cuenta. Por eso, cuando se nos da la oportunidad de ser parte de un ministerio, nosotros ya conocemos los extremos, conocemos la tensión y sabemos sobre los altibajos. Esto nos hace estar más preparados para lo que vendrá.

Hemos sido aprendices (renuentes e involuntarios)

Anteriormente hablé sobre las dificultades de relacionarnos con Dios cuando precisamente Dios es el jefe de papá, cuando Dios es el trabajo. Si bien todo eso es cierto, los hijos de pastores ganan diferentes beneficios mientras crecen en un contexto de ministerio vocacional, pues esta experiencia sirve como una preparación práctica para el ministerio. Los hijos de pastores han tenido la oportunidad de ver lo que se necesita para tener éxito en el ministerio y lo que se necesita para fallar. Hemos visto a nuestros padres liderar y hemos visto lo que funciona y lo que no, y también hemos aprendido aspectos del liderazgo, tanto positivos como negativos.

De igual forma, los hijos de pastores han tenido la particular oportunidad de ser expuestos al ministerio y liderazgo de ministros que no son parte de sus propias familias. En algún punto, la mayoría de pastores arrastran a su familia a las convenciones denominacionales o a las conferencias de pastores. Incluso más común que eso es reunirse para cenar después del servicio en la iglesia con los pastores invitados. Ya sea que esos líderes sean prominentes y conocidos o pastores fieles de pequeñas congregaciones, pueden proveer una educación invaluable.

Igualmente aprendemos a través de los libros. Todo pastor respetable es un lector, y los hijos de pastores lo ven y escuchan los comentarios sobre los libros, e inclusive quizás tomen algún libro y lo revisen. En todo esto, el hijo de pastor absorbe una cantidad enorme de filosofía ministerial, sabiduría de liderazgo y comprensión de la verdad.

La educación práctica que reciben los hijos de pastores es notable. Tan solo ser parte del ritmo de vida pastoral es de gran impacto, y se le suma ver a papá preparar los sermones, escuchar los sermones, ver y escuchar conversaciones sobre todos los temas, desde política, escotes, hasta la omnisciencia divina exhaustiva. Vemos cómo papá se prepara para las reuniones y lo que habla después de las mismas; también escuchamos cómo se discute la visión de la iglesia y cómo se comunica. Hemos escuchado lo que se enfatiza como más importante y lo que se trata como secundario en la vida y la teología. Todo esto le brinda al hijo de pastor una comprensión profunda sobre cómo funciona el ministerio.

El ministerio se trata de la gente

> "Los beneficios de ver personas amar a Jesús eran geniales. Para mí fue una bendición el poder sentarme después del servicio de la iglesia una noche de domingo y escuchar a ministros contar historias divertidas, a misioneros pintar imágenes exóticas, y escucharlos a todos ellos hablar de

> cómo Dios estaba obrando, eso me hizo crecer. Estar rodeado de esas personas causó un deseo dentro de mí por esas cosas".
>
> —Jeremy Noel, hijo de pastor

Aun así, el ministerio no se trata solo de métodos, filosofías y prácticas; se trata de la gente. Es un estudio de personas que se enfoca en la interacción con personas. El ministerio es la habilidad de interactuar y cuidar de numerosos tipos de personas, empatizar con ellas y comprenderlas. Sin embargo, la mayor parte de las personas de la iglesia tienen una exposición limitada al resto de la humanidad, lo cual no es culpa de nadie, es solo la forma en que funciona la vida.

La iglesia es una red masiva de relaciones complicadas entre personas quebrantadas de todos los ámbitos. Para cualquier persona que entra a servir en el ministerio estas relaciones no son fáciles de navegar y desenredar, más si no se tiene idea de lo que le espera. Los pastores nuevos y flamantes caminan sin saberlo a una trampa, y su falta de experiencia y conciencia de lo que sucede los dejará cegados por los ataques, los secretos, el chisme y las demandas. Es posible que tengan luchas para determinar en quién se puede confiar y con quién se puede contar. De seguro, esta será una curva de aprendizaje empinada.

En medio de todo eso, sin embargo, los hijos de pastores tienen la oportunidad de interactuar con todos y cada uno, de ver a todos los personajes de la comunidad de la iglesia. A través del ministerio de nuestros padres nos hemos encontrado con todo el espectro de la humanidad de la iglesia. Nosotros conocemos a los guerreros de oración y a los que reclaman, a los comprometidos y a los apáticos. Hemos interactuado con los que lideran y con los que siguen, así como con las sanguijuelas y los que sirven. Nosotros conocemos a los misioneros y quienes los envían, también sabemos quiénes son los que se oponen y quiénes dan aliento.

Esta experiencia nos prepara bien para el ministerio creando una conciencia básica de lo que está por venir. Nosotros nos anticipamos a lo peor y también sabemos lo bueno que podemos encontrar en la congregación; además, tenemos menos probabilidades de ser sorprendidos por un ataque o algún pecado expuesto. También somos capaces de sentir en quién podemos apoyarnos y confiar como amigos, mentores y gente que nos apoye. Por supuesto que esto no es infalible, pero es la formación de un instinto que le sirve de mucho al hijo de pastor en el ministerio.

Padres que sirven a Jesús

He sido duro con los pastores a lo largo de este libro, ya que he señalado debilidades, tendencias y fracasos. Los he punzado, les he demandado y presionado para que sean diferentes, para que cambien y tomen conciencia de lo que sucede. No obstante, ahora deseo expresar mi agradecimiento. Quiero decir que los hijos de pastores son personas bendecidas al tener padres que han dedicado sus vidas a servir a Jesús. Ese es un llamado desafiante, y no hay persona alguna en la historia del mundo que haya descubierto cómo hacerlo a la perfección. Es un estilo de vida abrumador, pero es necesario, bueno y gratificante. Así que gracias, pastores (y esposas), porque ustedes han dado sus vidas para servir a Jesús y a su iglesia, y eso es una bendición.

A menudo, los hijos de pastores estamos en contra de nuestros padres sobre el estilo de vida y la teología. Conocemos sus defectos y sus fallas, y frecuentemente permitimos que esas cosas se interpongan ante lo que es realmente importante. Los buenos pastores hacen lo máximo posible para dar un ejemplo con su vida que honre a Jesús, y eso es algo que ningún chico puede valorar. Podemos escoger vivir una vida diferente a la de nuestros padres, pero siempre sabremos que ellos realmente se preocuparon por honrar a Jesús, y eso es irremplazable.

¿A dónde nos lleva esto?

Escribir este libro ha sido duro. Creo que quizás sería más preciso decir que hubo muchas adversidades para escribirlo. Algunas de ellas se vivieron en mi propia familia y otras son experiencias dolorosas que han sufrido algunos hijos de pastores con los cuales me he relacionado en el camino. Existen muchos hijos de pastores que cargan mucho dolor, ira y aflicción; algunos han caído en amargura y otros están haciendo un gran esfuerzo por creer que Jesús los ayudará a superar lo que llevan por dentro. Es este último grupo el que tanto me ha alentado, y le puede animar a usted también. Permítame compartir la historia de una hija de pastor que conozco y su travesía donde pasa de asistir a una iglesia a conocer a Dios.[16]

Callie creció en una iglesia muy similar a la mía, una mega iglesia floreciente con una fuerte orientación bíblica y teológica. Su padre era pastor asociado, y su madre estaba profundamente involucrada en varios ministerios de la iglesia. Los hermanos mayores de Callie eran buenos chicos, generalmente obedientes, y también muy involucrados en la iglesia. Su familia estaba cercana a ella, y sus padres la amaban, aunque a menudo eran demasiado legalistas y estrictos.

Mientras Callie paso de la secundaria a la preparatoria, creció más y más la frustración de ella con respecto a la iglesia. El Dios de sus padres tenía poco atractivo; además. toda la teología y lecciones bíblicas que conocía no le sonaban sinceras. No pudo conectarse con nada en el ministerio, y tampoco tenía a alguien con quien hablar sobre sus luchas. Sus padres tenían las respuestas escritas en piedra, y sus hermanos sabían lo que sus padres pensaban. Callie se sentía sola y vacía.

Se sumergió en el voleibol durante todo el año, ese era un espacio donde ella encontraba felicidad. Salió con algunos muchachos pero nunca se comprometió con ninguno, e incursionó en la escena de las fiestas. Ella mantuvo a sus amigos tan cerca como una llamada de teléfono pero nada más. En la preparatoria, la relación de Callie y su madre se deterioró rápidamente, entonces el único recurso que su mamá tenía era tirar de las riendas con más fuerza, reafirmar las reglas, y recordarle a Callie el mismo viejo marco teológico. Callie se resistió contra todo, incluso en un momento dado llegó a irse a vivir con una amiga.

Cuando llegó el momento de elegir la universidad, Callie pensó que la mejor distancia entre ella y su madre eran tres estados de separación, y se fue a vivir lejos, se dedicó al voleibol y siguió con su vida. Sin embargo, el vacío la atrapó ese primer año y se desmoronó emocionalmente. No tenía a Dios ni amigos cercanos, y todas las fiestas y deportes eran una pobre consolación. Después del primer año de clases, Callie se cambió a una universidad cristiana pequeña que estaba más cerca del hogar, y allí conectó con un entrenador que le empezó a mostrar lo que significaba *conocer* a Dios y conectarse con Jesús. En ese punto eran solo semillas, pero era algo.

Un año después, Callie cayó en cuenta de que aún estaba muy cerca de las tribulaciones del crecer, así que se fue a otra universidad cristiana que estaba a más de 600 kilómetros del hogar y allí se enterró en el voleibol. Durante ese tiempo conoció a un chico llamado Will que estaba en el equipo masculino y empezaron a salir. Todo iba bien hasta que una herida seria en el hombro terminó con la carrera de Callie; quedó devastada.

Después de la graduación, Will y Callie se casaron. Algunos de sus amigos y familiares se preguntaban si había sido la decisión correcta, ya que parecía que Callie se estaba agarrando de la primera cosa sólida que pudo encontrar para anclarse. Durante los dos primeros años de matrimonio, Will y Callie se cambiaron de casa dos veces porque ascendieron a Will en el trabajo. Una vez más, ella se sentía vacía y a la deriva. Los cambios de ubicación la llevaron de un lugar nuevo de soledad a otro lugar nuevo de soledad. La relación empezó a desmoronarse. Will estaba emocionalmente distante y Callie ni siquiera sabía lo que quería, así que lo dejó. Will sabía que él quería hacer todo lo que pudiera para salvar su matrimonio y se comprometió a cambiar, buscar consejería y hacer que las cosas funcionara. Callie no quería saber nada de él; estaba seca, vacía y acabada.

El día en que iban a reunirse con los abogados para terminar el proceso del divorcio, Callie llamó a Will y le pidió que se vieran antes. Durante la conversación de dos horas que sostuvieron, le confesó que ella sabía que estaba destrozada y que necesitaba a Dios, cualquiera que fuera el significado de eso. Sabía que quería encontrar la solución para su matrimonio, cualquiera que fuera el significado de eso. Así que apenas unas horas antes de terminar su matrimonio, Will y Callie tomaron la decisión de entregar su matrimonio a Dios y ver lo que Él podía hacer.

Desde entonces, Dios ha hecho una gran cantidad de cosas. Ellos siguen batallando, siguen teniendo momentos difíciles, pero cuando Callie habla de Dios ahora, habla sobre un Dios que conoce. Cuando ella describe lo que Jesús significa para ella, habla de un amigo. Will también está cambiando, ya que el Espíritu está abriendo su corazón y ablandándolo a él. Callie ha llegado a un lugar de entendimiento con su madre. Quizás ellas nunca se pongan de acuerdo en ciertas cosas, pero tienen una relación de respeto y amor. Es una relación donde mamá está aprendiendo a ver que Callie ama a Jesús y sigue a Dios aunque no sea exactamente la forma en que mamá lo desea.

Les cuento esta historia porque es sorprendente y asombrosamente normal. La chica crece como una hija de pastor, se desilusiona de la iglesia, no conoce a Dios, trata de tomar su propio camino y se desmorona. Pero la gracia de Dios es más grande que cualquier desilusión y es lo suficientemente poderosa como para abrir los ojos del corazón de Callie a Él. Esa gracia es lo suficientemente grande para usted y para mí también.

Los hijos de pastores nos enfrentamos a muchos desafíos que son únicos debido a la naturaleza de nuestras familias. Cada familia pastoral es diferente; algunas son completamente disfuncionales, mientras otras son bastante saludables, con todo tipo de familias en el medio. No todo lo que he escrito se aplica a todos los hijos de pastores, y algunos hijos de pastores afrontan luchas que yo no abordé. Espero que mientras usted continua reflexionando sobre los desafíos, encontrará maneras de cambiar. Tanto la iglesia, como el pastor y el hijo de pastor tenemos trabajo para rato. La iglesia necesita crear un ambiente más acogedor para los hijos de pastores (y los pastores); los pastores necesitan estar al tanto de las luchas de sus hijos y emprender las acciones necesarias para crear espacios abiertos, fuertes, seguros y de apoyo para sus hijos. A pesar de todas estas luchas, los hijos de pastores no pueden revolcarse y lamentarse en ellas. En su lugar, debemos asumir nuestras responsabilidades, que son: honrar a Jesús, honrar a nuestros padres y madres, amar y apoyar la iglesia, y en lugar de vivir como víctimas, vivir como redimidos. La gracia de Dios está aquí para todos nosotros.

APÉNDICE

Siete reglas para cuando conozca a un hijo de pastor

1. No nos pregunte: "¿Y cómo es ser el hijo o la hija de...?"

¿Cómo se supone que debemos responder a esa pregunta? ¿Podría describir usted fácilmente lo que es ser el hijo o hija de sus padres? Recuerde que los hijos de pastores son gente normal solo que los criaron diferente que a usted, así que por favor trátenos de esa manera. Nosotros vemos a nuestros padres como eso, nada más.

2. No nos cite las palabras de nuestros papás

Esto es realmente y verdaderamente molesto, ya que da la impresión de ser una de dos cosas: usted está probando su santidad al ser tan consciente de las declaraciones del amado pastor, o está siendo condescendiente y mantiene las palabras de nuestros padres sobre nuestras cabezas. Ninguna de las dos razones es impresionante o apreciada.

3. No nos pregunte sobre un tema personal que no preguntaría a cualquier otra persona

Si de pura casualidad usted tiene información sobre un hijo de pastor debido a una ilustración utilizada en un sermón, un libro o de oídas, mejor que se la reserve. El hacer una pregunta basado en la información que obtuvo de una manera impersonal lo hace ver a usted como un acosador o como un reportero, y ambas opciones son espeluznantes.

4. No nos pregunte nada sobre la postura de nuestros padres en alguna cosa

"¿Qué es lo que su padre piensa sobre…?" Esta es una pregunta que ningún hijo de pastor quiere responder: ni sobre política, los roles de la mujer en la iglesia, la predestinación, el uso de batería en la alabanza de la iglesia, los dones espirituales, la raza, o ninguna otra cosa.

Sin embargo, tenemos nuestras propias creencias y opiniones y nos gustaría hablar de eso, así que usted podría preguntarnos qué pensamos como a cualquier otra persona.

5. No piense que usted puede obtener una audiencia con el pastor a través de nosotros

Para eso está el secretario de la iglesia o el asistente del pastor. Por favor, permítanos ser los hijos. Por lo general, nosotros no tenemos la capacidad de hacer que una reunión se produzca, y casi nunca queremos que suceda.

6. No suponga que nosotros estamos de acuerdo con todo lo que nuestros padres dicen

Sé que es difícil creer que algún hijo pueda llegar a estar en desacuerdo con sus padres, pero eso sucede. No es amable o seguro suponer que la posición que tienen nuestros padres ante algo es la misma que tenemos nosotros. Así que cuando usted descubra que no estamos de acuerdo en algo, por favor absténgase de mostrarse asombrado u ofendido.

7. Conózcanos

Esta es una buena regla que se puede aplicar con cualquiera, pero de manera especial con los hijos de pastores. Así como usted desea que las personas valoren sus opiniones, su personalidad, y sus peculiaridades del carácter, nosotros también lo deseamos. Usted se sorprenderá más de lo que espera. ¡Vaya! ¡Ese hijo de pastor tiene un buen sentido del humor! ¡Quién diría que ese hijo de pastor era tan divertido! Cómo, que él dijo ¿qué? Deje sus suposiciones de lado y permítanos ser nosotros mismos. Muy probablemente le guste lo que va a encontrar.

RECONOCIMIENTOS

Ofrezco mi más profundo agradecimiento a mi esposa, Lesley. Tu aliento y fuerte insistencia para que escribiera este libro, además de tu convicción en mi mensaje, fue lo que me impulsó a lo largo del camino. Tus esfuerzos constantes para hacer tiempo en medio de nuestra ajetreada vida con el fin de que yo escribiera, fue lo que hizo posible que pudiera completar este libro de manera fácil. Gracias por ayudarme e impulsarme tanto, eres la estructura y fortaleza que hizo llegar mis ideas al papel.

Gracias, Alex Field, por ser tan entusiasta con este proyecto desde nuestra primera conversación en la conferencia Catalyst en 2012 y por presentarlo ante David C Cook. Al ser yo un autor primerizo, debo decir que tener un editor que deseaba que yo escribiera fue una enorme bendición.

Gracias a todo el equipo de David C Cook que ha trabajado con tanta diligencia, ha sido tan accesible y útil para la mejora y publicación de este libro. Ha sido un placer trabajar con ustedes, han tomado mi trabajo y realmente lo han mejorado.

NOTAS

1. Dos libros que tratan el tema sobre jóvenes que abandona la fe son: *UnChristian: What a New Generation Really Thinks about Christianity ... and Why It Matters* [Los no cristianos: Qué es lo que una nueva generación realmente piensa sobre el cristianismo y por qué debe importarnos] de Dave Kinnaman y Gabe Lyons (Baker, 2007); y *Generation Ex-Christian: Why Young Adults Are Leaving the Faith ... and How to Bring Them Back* [Generación de Excristianos: Por qué los jóvenes adultos están abandonando la fe y cómo traerlos de vuelta], por Drew Dyck (Moody, 2010).

2. Puede escuchar el sermón en el sitio web de Desiring God [Deseando a Dios]: www.dessiringgod.org/resource-library/conference-messages/doing-missions-when-dying-is-gain.

3. En la película *Una historia de Navidad*, el personaje del joven Flick es "tres veces más atrevido" al punto de que lame un poste de metal congelado. En el código de los chicos, este es un desafío que no se pasa por alto. Usted tendría que ver la película para ver cómo termina todo.

4. Para leer un útil manual básico sobre teología calvinista, consulte *The Doctrines of Grace: Rediscovering the Evangelical Gospel* [Las Doctrinas de la gracia: Redescubriendo las Buenas Nuevas Evangélicas] de James Boice y Philip Ryken (Crossway Books, 2009).

5. El complementarismo establece que Dios creó a los hombres y a las mujeres con roles distintos. Están separados pero son iguales. Toma seriamente el rol de hombre como cabeza del hogar y la enseñanza bíblica de que solo los hombres deben ser pastores y ancianos en la iglesia. Esta doctrina tiene un amplio rango de aplicación, pero estos son los principios básicos.

6. Pedobautistas son aquellos que creen en el bautismo de infantes y lo practican. Dentro de las denominaciones protestantes que lo practican tenemos a los presbiterianos, luteranos, metodistas, anglicanos, episcopales y otros.

7. Las palabras exactas de mi editor sobre esta frase fueron: "es una expresión un poco arcaica que viene del libro de Hechos 10:34 (RVR-1960)… Solo los pastores y sus hijos (y ocasionalmente el editor) saben lo que significa."

8. En esta película de 1994, Tim Robbins hace el papel de Andy Dufresne, un banquero exitoso que fue encarcelado falsamente por asesinato. Morgan Freeman actúa como Red, otro

prisionero que entabla una amistad con Andy. Es una historia admirable de perseverancia, supervivencia y justicia.

9. Para darle una revisión completa a la teología del trabajo y el llamado, lea el libro de Tim Keller *Every Good Endeavor: Connecting Your Work to God's Work* [Todo buen esfuerzo: Conecte su trabajo con el trabajo de Dios] (Dutton, 2012).

10. En 2010 LifeWay llevó a cabo un sondeo a más de mil pastores, que arrojó como resultados que más del 65 por ciento de los pastores trabajaba más de 50 horas por semana, y el ocho por ciento de los pastores reconoció que trabajaba más de 70 horas semanales. Es un poco difícil que los pastores cuenten sus horas de trabajo debido a la delgada línea que existe entre actividades como el estudio personal de la Palabra y la elaboración de sermones o reunirse con alguien y tener una reunión. Si desea más información sobre los datos, consulte el artículo de Mark Kelly, "LifeWay Research Finds Pastors'Long Work Hours Come at Expense of People, Ministry",[Investigación de LifeWay descubre que las largas horas de trabajo del pastor son a costa de la gente, ministerio] LifeWay, 5 de enero de 2010, consultado el 27 de julio de 2013, www.lifeway.com/Article/LifeWay-Research-finds-pastors-long-work-hours-can-come-atthe-expense-of-people-ministry.

11. Rainer escribió en su blog sobre el sondeo y lo que pensaba de los resultados en "How Many Hours Must a Pastor Work

to Satisfy the Congregation?" [¿Cuántas horas debe trabajar un pastor para satisfacer la congregación?] Thomrainer.com, 24 de julio de 2013, consultado el 27 de julio de 2013, http://thomrainer.com/2013/07/24/how-many-hours-must-a-pastor-work-to-satisfy-the-congregation/.

12. Darryl Dash, "How Many Hours Should Pastors Work?" [Cuántas horas deberían trabajar los pastores] Dashhouse.com, 21 de marzo de 2013, consultado el 27 de julio de 2013, http://dashhouse.com/dashhouse/2013/3/21/how-many-hours-should-pastors-work.

13. Hechos 14:15

14. Hebreos 4:12; 2 Timoteo 3:16

15. Citado del famoso "Matt Foley: Motivational Speaker" [El Orador Motivacional de Matt Foley] de la comedia de televisión *Saturday Night Live*.

16. Los nombres y los detalles han sido cambiados para proteger la privacidad de los sujetos.